FAITES SAUTER LA BANQUE !

DU MÊME AUTEUR

Tu seras un homme riche, mon fils, Éditions nouvelles François Bourin, 2005
Un trader ne meurt jamais, Robert Laffont, 2009 ; Pocket, 2010
Pour tout l'or du monde, Robert Laffont, 2010 ; Pocket, 2011
Sauvez votre argent !, Robert Laffont, 2011 ; Pocket, 2012
Immobiliez-vous !, Robert Laffont, 2012 ; Pocket, 2013
Sauvez votre retraite !, Robert Laffont, 2013 ; Pocket, 2013

MARC FIORENTINO

FAITES SAUTER LA BANQUE !

Le guide pour économiser votre argent

Stock

Couverture Pierre Martin Vielcazat (STALLES)
Photo auteur : © Julien Falsimagne

ISBN 978-2-234-07786-7

À Laurence
À Samuel et Laura

SOMMAIRE

Deuxième partie

LA CHASSE AUX FRAIS EST OUVERTE !

Troisième partie

LES BANQUES ET LES PLACEMENTS

Quatrième partie

LES CRÉDITS

Cinquième partie

LES AUTRES BANQUES

Sixième partie

LA BANQUE D'HIER ET D'AUJOURD'HUI

Septième partie

PLUS BESOIN DE BANQUES ?

Huitième partie

VOTRE PLAN D'ATTAQUE

INTRODUCTION

La relation des Français à leurs banques est un mystère

Cela fait des années que les grandes banques se moquent ouvertement de vous mais **vous continuez de courber l'échine et de vous soumettre docilement**.

Six ans après le début de la crise financière provoquée par les banques, vous continuez de vous débattre avec la perte du pouvoir d'achat, le chômage et le spectre de la récession mais **vous ne leur en voulez pas**.

Les banques prélèvent chaque année sur vos comptes, automatiquement, sans votre autorisation, des centaines d'euros de frais injustifiés mais **vous ne réagissez pas**.

Les banques, appuyées par tous les pouvoirs politiques successifs, avec lesquelles elles entretiennent des liens incestueux, s'entendent de fait pour empêcher toute concurrence réelle mais **vous l'acceptez.**

Vous êtes 92 % à rester fidèles à votre banque, même si elle vous trompe, alors que vous êtes 40 % à avoir déjà trompé votre conjoint, même s'il vous est fidèle…

Il est temps de réagir !

Il est temps de vous réveiller !

Je veux vous réveiller.

Je veux vous prouver que **les banques ont plus besoin de vous que vous n'avez besoin d'elles**.

Je veux vous apprendre à les contrôler, les contourner voire les éviter.

Je vais vous faire économiser de l'argent. Beaucoup d'argent.

Après la lecture de ce livre, ce n'est plus vous qui aurez peur de l'appel du banquier. C'est le banquier qui aura peur de votre appel.

AVERTISSEMENT

Je ne suis pas anticapitaliste.
Au contraire.
Je ne suis pas communiste, socialiste ou social-démocrate de la dernière heure.

Je ne veux pas renverser le système.
Je ne suis même pas Éric Cantona : je ne vous appelle pas à retirer votre argent des banques.
Non.

Je suis capitaliste et libéral.
Un homme du système.
En partie responsable de la crise,
Car homme des marchés financiers.

Seulement voilà, je suis pour la libre concurrence, la vraie.
Or, les grandes banques la bafouent tous les jours.

Je suis pour la hausse du pouvoir d'achat.
Or, les grandes banques vous confisquent des centaines d'euros chaque année.

Je suis financier.
Non repenti.
Je travaille depuis plus de trente ans sur les marchés financiers certes, mais je suis contre la façon méprisante dont les grands banquiers, dont on ne sait plus s'ils sont hauts fonctionnaires, employés ou patrons, nous traitent.

Je ne veux pas faire la révolution.
Je laisse ça aux vrais acteurs courageux de l'Histoire.
Je veux juste que, ensemble, nous économisions de l'argent, et que nous inversions le rapport de force.

PREMIÈRE PARTIE

Les banques et vous

1/

Qu'est-ce qu'une banque ?

À force d'avoir vu les banques faire tout et surtout n'importe quoi, nous avons fini par oublier leur métier originel. Leur vrai métier.

Regardons la définition du mot *banque* que donne le *Larousse* :

« Établissement financier qui, recevant des fonds du public, les emploie pour effectuer des opérations de crédit et des opérations financières, et est chargé de l'offre et de la gestion des moyens de paiement. »

Dans cette définition simple, on comprend pourquoi la crise de 2008 a eu lieu et pourquoi la banque d'aujourd'hui est déjà celle d'hier.

Reprenons ensemble cette définition.

La banque est un établissement financier qui :

– **reçoit les fonds du public,**

Votre argent. Vos revenus. L'argent dont vous avez besoin pour vivre ou pour constituer votre épargne.

– **les emploie pour effectuer des opérations de crédit**

Votre argent est donc prêté à d'autres personnes. Vous-même peut-être si vous avez besoin d'un crédit pour votre logement ou pour votre consommation. Pas au même taux : vous toucherez 0 € sur l'argent que vous laissez dormir (c'est votre faute) sur votre compte chèques, ou quelques euros seulement sur un livret, et vous paierez plus cher pour un crédit immobilier, et nettement plus cher pour un crédit à la consommation.

– **et des opérations financières**

C'est là que ça se corse. Les banques ont pris cette définition au pied de la lettre… Des « opérations financières ». De quels genres ? Tous. Peu importe. Une partie de votre argent a été investie dans de l'immobilier américain pour des gens sans revenus, ce sont les *subprimes* ; une autre a été prêtée à la Grèce… Vous connaissez la suite.

– **et est chargé de l'offre et de la gestion des moyens de paiement**

La base du métier. Normalement. Mettre à votre disposition une carte de crédit sur laquelle vous n'avez d'ailleurs droit à aucun crédit, au mieux quelques jours de répit, faire vos virements et vos prélèvements. Dans les meilleures conditions. Ce qui est loin, très loin d'être le cas.

Sur le portail de Centre de documentation Économie-Finances (CEDEF) qui dépend du ministère de l'Économie et des Finances, le lexique donne une définition plus académique.

Banque : Catégorie d'établissements de crédit autorisée par la loi à réaliser toutes les opérations de banque. Les opérations de banque comprennent la collecte des fonds auprès du public, la réalisation d'opérations de crédit et l'offre de services bancaires de paiement (dont la délivrance de chéquiers).

On évite d'évoquer les « opérations financières », qui font un peu désordre, surtout en 2014. Mieux vaut rassurer.

Et surtout, les banques sont « autorisées par la loi » à faire tout ce qu'elles font. Tant mieux. On avait peur qu'investir votre argent dans les *subprimes* et en Grèce ait été non seulement stupide et dangereux mais aussi illégal…

Voilà ce que devrait faire une banque pour les particuliers, une banque traditionnelle, votre banque, la banque à laquelle vous confiez votre argent :

– collecter des dépôts,
– accorder des prêts,
– gérer les moyens de paiement.

Un point, c'est tout.

Une banque, c'est ça.

Une banque de « détail », bien sûr.

Par opposition à une banque d'« affaires », qui, elle, a pour vocation de faire des affaires, bonnes ou mauvaises, mais avec son argent ou celui d'investisseurs conscients des risques qu'ils prennent.

Mais les banques de détail, jalouses des profits des banques d'affaires, ont voulu les imiter.

Avec votre argent.

2/
Vous et votre banque

Arrêtez de vous plaindre.

Tout ce qui vous arrive est votre faute.

Entièrement votre faute.

Les banques profitent du fait que vous continuez de vous soumettre et que vous ne consentez pas à consacrer les deux heures nécessaires pour faire des économies substantielles et, surtout, vous permettre de regarder votre interlocuteur bancaire droit dans les yeux, d'égal à égal.

Répétez après moi : « La banque est un commerce comme un autre, la banque est un commerce comme un autre, la banque est un commerce comme un autre… »

Si vous en êtes convaincu après avoir fait cet exercice pendant quelques heures, voire quelques jours, vous allez enfin ouvrir les yeux.

Franchement :

– Si votre magasin d'alimentation habituel vous coûtait systématiquement 200 à 300 € de plus que d'autres magasins sans vous apporter un service supplémentaire, continueriez-vous d'y faire vos courses ?

Non, bien sûr, alors pourquoi restez-vous dans votre banque ?

– Si votre opérateur télécom prélevait chaque mois des frais directement sur votre compte sans vous demander votre avis, sans même vous prévenir, alors qu'un opérateur concurrent ne vous en prélèverait aucun, changeriez-vous d'opérateur ?

Oui, bien sûr, alors pourquoi restez-vous dans votre banque ?

– Si votre boulanger vous vendait systématiquement son pain du jour plus cher, de moins bonne qualité et produit en quantité industrielle, alors que vous voulez simplement acheter une baguette artisanale, changeriez-vous de boulanger ?

Oui, bien sûr, alors pourquoi restez-vous dans votre banque ?

– Si votre poissonnier vous proposait des fruits de mer alors que vous lui répétez chaque fois que vous y êtes allergique, changeriez-vous de poissonnier ?

Oui, bien sûr, alors pourquoi restez-vous dans votre banque ?

Je pourrais continuer à l'infini.
Mais vous avez compris mon point de vue.

Vous avez peur de votre banque.

Ou vous êtes tout simplement paresseux.

Ou négligent.

À cause de vous, la banque est le seul commerce au monde dans lequel le client n'est pas roi.

À cause de vous, oui.

Je connais vos arguments.

Je les connais par cœur.

Je les entends tous les jours des centaines de fois :

– Je ne change pas de banque parce que **mon salaire y est viré ;**

– Je ne change pas de banque parce que **tous mes prélèvements et mes virements y sont domiciliés ;**

– Je ne change pas de banque parce que **j'ai mon crédit immobilier chez elle ;**

– Je ne change pas de banque parce que **mon contrat d'assurance-vie est chez elle ;**

– Je ne change pas de banque parce que **c'est très compliqué… et coûteux ;**

– Je ne change pas de banque parce qu'**elles sont toutes pareilles ;**

– Je ne change pas de banque car **je n'ai pas le temps de m'occuper de ça ;**

– Je ne change pas de banque car **les histoires d'argent m'ennuient terriblement.**

Aucune de ces excuses ne tient la route.

Rien ne vous oblige à rester dans votre banque.

Rien.

Je vous le prouverai.

Il ne s'agit pas de vous inciter à changer de banque juste pour le plaisir. Il s'agit de changer de banque, ou de menacer de changer de banque, pour que la banque vous respecte, vous traite comme un client roi et pour que vous économisiez de l'argent.

Beaucoup d'argent.

3/
La peur du banquier

Vous n'avez aucune raison d'avoir peur de votre banquier.

Aucune.

D'ailleurs, un « banquier » ça n'existe pas, ou plus…

À part pour quelques personnalités, de plus en plus rares, encore à la tête de leur banque, souvent des petites banques de qualité gérées efficacement, le terme de « banquier » ne signifie plus grand-chose. Il faut le démythifier et même le dédiaboliser.

Le banquier n'est pas celui que vous croyez.

Il y a :

– **Des actionnaires de banques**

La BNP ou la Société Générale, par exemple, sont cotées en Bourse et détenues par des fonds de placement et des actionnaires individuels, vous, moi. Si vous avez cent actions BNP, cela fait-il de vous un banquier ? Non.

– **Des employés de banque**

Franchement, la personne à qui vous donnez un chèque à encaisser et qui se morfond dans une agence où plus personne, ou presque, ne vient, représente-t-elle la finance sans visage qu'avait promis de combattre François Hollande au Bourget ? Non, bien sûr. Le caissier, et même le directeur de votre agence, n'est pas un banquier.

Alors qui est responsable ? Responsable, en partie, de la crise de 2008, de la crise de la dette européenne et des frais aberrants que vous payez ?

Le grand patron de la grande banque et son équipe de direction.

Ils ne possèdent pas la banque, n'ont souvent que des actions, qu'on leur a d'ailleurs généreusement offertes, n'ont jamais risqué un euro à eux mais dirigent l'établissement à leur gré.

Avec la totale complicité de l'État.

Quel que soit le gouvernement, de gauche ou de droite.

Ces banquiers-là ne doivent pas vous faire peur.

Ils ne doivent même pas vous regarder de haut.

Non.

Ils doivent être à votre service.

Si celui-ci n'est pas bon, ou trop coûteux, ils se retrouveront sans clients.

Sans pouvoir.

Sans retraite chapeau.

Sans job.

4/ Des slogans qui cachent la vérité

Les banques investissent massivement dans la communication. C'est normal. Toutes les grandes marques le font. Toutes les grandes enseignes de distribution également.

Mais ce qui est amusant, quand on replonge dans les campagnes de publicité des vingt ou trente dernières années, c'est le fossé entre le slogan et la vérité.

Il semble que le leitmotiv derrière la communication bancaire soit « Plus c'est gros, plus ça passe »…

• « Là où votre argent est heureux »

Heureux, votre argent ?

Sûrement pas.

Quand il ne subit pas jour après jour le massacre des frais, il est utilisé pour spéculer et a été entre la vie et la mort lors de la crise de 2008.

Ce n'est pas ma vision du bonheur.

• « Construisons vos rêves »

Rêvez-vous d'un monde où vous serez éjecté à la moindre difficulté ?

Un monde dans lequel on ne vous aidera que si vous n'avez pas besoin d'aide ?

D'un monde où tout contact est un cauchemar ?

Ce n'est pas ma vision des rêves.

• « Si on en parlait ? »

Mais on ne demande que ça !

Parlons, parlons.

Expliquez-nous ce que vous avez fait en 2008 avec notre argent, expliquez-nous ce que vous faites aujourd'hui avec notre argent, expliquez-nous pourquoi les frais varient tant d'une banque à l'autre, parlez-nous.

Et expliquez-nous aussi pourquoi on ne peut jamais vous joindre… pour vous parler.

• « Toute la famille en profite »

Il fallait y penser, à ce slogan.

La famille profite de quoi ?

Des galères pour obtenir un crédit ?

De la mauvaise humeur du père ou de la mère de famille après avoir reçu un coup de fil cassant lui demandant de couvrir un découvert accidentel en 48 heures ?

Toute la famille est solidaire devant la banque, c'est vrai.

Quand la banque boit, toute la famille trinque.

• « La banque d'un monde qui change »

Je ne l'ai pas encore rencontrée.

À l'heure de la transparence, de la gratuité, de l'Internet, du mobile, la banque s'accroche à son modèle des années 70.

Observez une agence bancaire aujourd'hui et retrouvez les images d'une agence bancaire dans les années 70.

Rien n'a changé, ou presque.

• « La banque à qui parler »

« Si vous appelez pour votre compte, tapez 1.

Saisissez maintenant votre numéro de compte et les 18 chiffres de votre code secret.

Ces chiffres ne correspondent à rien, veuillez recommencer.

Si vous voulez faire opposition à votre carte, tapez 1 ; si vous voulez consulter votre solde, tapez 2 ; si vous voulez parler à un conseiller, tapez 3. »

Au bout de ce parcours du combattant, vous tapez 3.

« Veuillez patienter, tous nos conseillers sont en ligne... »

Huit minutes plus tard.

« Nous sommes désolés mais toutes nos lignes sont occupées, veuillez renouveler votre appel ultérieurement. »

C'est ça « la banque à qui parler »...

• « Parce que le monde bouge »

Vous devez bouger.

Parce que le monde bouge et que la plupart des banques ne bougent pas, vous devez bouger.

Vous.

Les banques ne bougeront que le jour où ce sera trop tard, pour vous, et pour elles.

• « Le bon sens près de chez vous »

C'est où, « chez vous » ?

Aux États-Unis avec les *subprimes* ?

C'est le bon sens, près de chez vous ?

La Grèce, c'est « chez vous », et y investir, c'était faire preuve de bon sens ?

La spéculation, c'est du bon sens ?

C'est près de « chez vous » ?

• « Aujourd'hui, qui peut se passer d'une bonne banque ? »

Personne, normalement.

Mais comme il n'y a pas vraiment de bonnes banques, nous apprendrons progressivement à nous passer des banques.

Et ça marchera de mieux en mieux comme ça.

• « Conjuguons nos talents »

Désolé, mais c'est trop tard.

Les Français ont joué le jeu.

Les banques les ont ignorés et méprisés trop longtemps. Aujourd'hui, les Français vont utiliser leur talent pour apprendre à mettre les banques à leur service.

• « À chaque instant on doit pouvoir compter sur sa banque »

C'est vrai.

Malheureusement, ce n'est pas le cas.

Les grandes entreprises peuvent compter sur leurs banques. Les clients normaux, non.

Et pour les clients en difficulté, même passagère, c'est pire encore.

• « J'aime ma banque »

Il fallait oser.

J'aime ma banque… Qui aime sa banque ?

Une infime minorité de Français.

Mais c'est vrai que, quand la plupart des frais sont à zéro, on peut commencer à aimer sa banque.

• « Mon banquier, c'est moi »

Non.

Désolé.

N'inversons pas les rôles.

Pas la peine d'essayer de nous passer la patate chaude maintenant que le métier commence à faire honte.

Le banquier, c'est le banquier.

Le client est un client.

Et le client est roi.

Le banquier est à son service.

• « Votre argent m'intéresse »

Ce slogan est célèbre.

Il a une vertu : la vérité.

Votre argent les intéresse, pas vous.

Votre argent, quand vous en avez.

5/
Petit rappel historique bancaire

• Les crises bancaires et le scandale du sauvetage par l'État

Il n'y a pas eu UNE crise bancaire. Il y en a eu deux. La première est venue des États-Unis. C'est la crise des *subprimes*. La deuxième est venue de la zone euro.

Les banques ont été largement responsables de la première crise. Elles ont subi, en victimes (très) consentantes, la deuxième.

À deux reprises, le système financier mondial a failli exploser.

À deux reprises, la croissance mondiale a été terrassée.

À deux reprises les banques ont été sauvées par les États ou les émanations des États, donc les contribuables, vous.

En 2013, les grandes banques françaises sont redevenues très largement profitables. 15 milliards d'euros de bénéfices juste pour les quatre premières : Crédit Agricole, BNP, BPCE et Société Générale.

En 2008, l'État français est intervenu pour sauver les banques en faillite virtuelle et éviter une faillite réelle. Il a accordé 40 milliards d'euros de prêts et 320 milliards de garanties financières.

Les banques et les gouvernements répètent que ce sauvetage n'a rien coûté à l'État. Et qu'il lui aurait même rapporté un peu plus d'un milliard d'euros en intérêts et commissions de garantie.

C'est une vue de l'esprit.

Certes, ce milliard est bien réel.

Mais si la situation mondiale s'était aggravée et les si banques avaient continué de plonger, la perte de l'État aurait été de 360 milliards de dollars.

360 milliards de dollars de risque pour un « gain » d'un milliard de dollars !

L'État aurait-il dû laisser les banques faire faillite comme les États-Unis l'ont fait avec Lehman Brothers ?

Non, bien sûr.

L'État devait intervenir.

Il n'y avait pas d'alternative.

Pour protéger vos dépôts, vos économies.

Mais l'État, sous la pression des dirigeants des grandes banques, et du fait des liens incestueux entre politiques et grands banquiers, n'a pas fait ce qu'ont fait les pourtant très capitalistes Américains ou Anglais : demander une part du capital en échange de leur aide.

Il ne s'agissait pas d'une nationalisation (et qu'on arrête de nous ressortir à toutes les occasions l'argument du Crédit Lyonnais, dont la gestion par l'État a été catastrophique), mais d'un équilibrage entre les risques encourus et les gains potentiels.

Cinq ans après l'intervention de l'État, grâce à l'intervention de l'État, grâce à votre garantie, les cours des actions bancaires ont été multipliés par trois.

Si l'État avait réclamé une part du capital, comme les États-Unis avec Citibank, par exemple, il aurait engrangé un bénéfice de près de 20 milliards d'euros, voire plus.

20 milliards d'euros !

Ce n'était pas cher payé pour un risque de 360 milliards d'euros. Mais c'est toujours mieux qu'une aumône d'un milliard.

• Trois graphiques d'actions

(Source : Sungard/Marketmap)

Même si elle est exprimée par un camp dont je ne partage pas les opinions, l'expression **privatiser les bénéfices et nationaliser les pertes** n'a jamais été aussi vraie qu'avec les crises bancaires.

• L'arnaque au chantage

« Si je tombe, je fais tomber tout le monde » : c'est la menace ultime.

Avez-vous entendu parler de l'expression *Too big to fail* ?

C'est la force de frappe des grandes banques.

L'arme nucléaire.

Elles font pourtant des erreurs.

Perdent des fortunes sur des activités délirantes et très éloignées de leur cœur de métier.

Et, quand la situation devient explosive, elles se tournent vers l'État pour des aides, des prêts à taux zéro, des garanties, avec un argument qui marche à tous les coups : « On est trop gros pour faire faillite. »

Traduisez : « Si vous ne nous aidez pas, nos clients particuliers vont perdre leurs économies. C'est ça que vous voulez ? Des longues queues d'épargnants devant les banques cherchant à retirer leur argent comme pendant la crise de 1929 ? Allons, allons, réfléchissez bien… »

Et l'État cède, évidemment.

Ensuite, quand l'État menace de leur interdire toute activité spéculative ou de les isoler totalement des dépôts des épargnants, voire de les surtaxer, leur argument est encore une fois imparable : « Nous sommes dans une économie globale. Si vous nous imposez des contraintes, les banques américaines, anglaises ou asiatiques vont nous écraser et nous devrons licencier massivement. C'est ça que vous voulez ? »

Ça marche chaque fois.

Et ça remarchera.

Rappelons au passage que ceux qui prennent les décisions au gouvernement pour ce qui concerne les banques sont soit d'anciens banquiers soit des futurs banquiers après le prochain remaniement.

C'est une véritable arnaque à la menace. Du chantage. Pur et simple.

• Qu'est-ce qui a changé pour les banques depuis la crise ?

RIEN

Les banques continuent de spéculer. Moins, certes, l'activité de spéculation étant plus encadrée. Elle est maquillée pudiquement en « activité de marchés liée au besoin de la clientèle ». Une blague.

Les banques continuent également, avec la bénédiction du gouvernement, qui cherche à financer son déficit permanent et sa dette gonflée à l'hélium par un modèle social électoraliste dépassé, d'accumuler des emprunts de l'État français, bien sûr, mais aussi italien, espagnol et, pourquoi pas, grec !

Si, demain, la France était attaquée par les marchés financiers, les pertes des banques seraient abyssales.

TOUT

La crise a fait peur. Sous la pression de l'opinion publique, les gouvernements ont dû imposer des réglementations. Ils ont obligé les banques à détenir plus de capitaux propres, donc à renforcer leurs bilans.

D'avantage de capitaux propres, moins d'activité à haut rendement (mais à haut risque pour le contribuable), donc moins de rentabilité à terme…

Conclusion

Six ans après le début de la crise, les banques sont donc face à un problème qui met en cause leur existence même : elles doivent se reconcentrer sur leur métier de base, la gestion des moyens de paiement, les dépôts et le crédit, mais ces métiers sont moins rentables.

En théorie.

Sauf si les banques vous pressent comme des citrons pour compenser la disparition d'une partie de leurs revenus spéculatifs.

J'espère que j'arriverai à vous convaincre dans ce livre de ne pas les laisser faire.

6/

Pourquoi les banques vous énervent ?

• Les relations incestueuses

Vous êtes encore nombreux à vous demander pourquoi les politiques, de gauche comme de droite, multiplient les déclarations contre les banques pendant les crises et ne font rien ou pas grand-chose pour lutter contre leur irresponsabilité et leur domination.

C'est normal : vous êtes encore naïfs.

Vous pensez qu'il y a les politiques d'un côté et les banquiers de l'autre.

C'est faux.

Ce sont souvent les mêmes qui passent régulièrement d'un bord à l'autre.

Un jour banquier, un jour politique, à nouveau banquier pour redevenir politique puis banquier…

Le cas de **François Pérol**, passé par le Trésor, puis banquier d'affaires chez Rothschild & Cie, nommé en 2009 à la tête de la BPCE (le groupe bancaire né de la fusion des Caisses d'Épargne et des Banques populaires) après avoir été secrétaire général adjoint de l'Élysée sous Nicolas Sarkozy, est sans doute celui qui illustre le mieux l'endogamie existant entre les banquiers et les politiques. À l'époque, François Pérol avait directement supervisé la création plutôt laborieuse de ce nouveau groupe bancaire, et son parachutage à la tête de la BPCE après son départ de l'Élysée avait été beaucoup critiqué par les syndicats maison…

L'histoire se répète puisque **Nicolas Namias**, ex-dirigeant de la BPCE, passé en 2012 à Matignon comme conseiller du financement de l'économie de Jean-Marc Ayrault, a retrouvé une place au sein de la même BPCE. À Matignon, il avait pourtant été en première ligne pour limiter la portée de la loi de 2013 visant à séparer les activités bancaires.

Plus récemment, **David Azéma**, directeur général de l'Agence des Participations de l'État (APE), a accepté la direction générale du bureau français de la Bank of America, une des banques américaines jugées responsables de la crise des *subprimes*. Rappelons qu'Alstom a choisi la Bank of America comme conseil alors que David Azéma donnait déjà ses recommandations à Arnaud Montebourg sur ce dossier sensible…

Tout aussi emblématique, l'arrivée de **Xavier Musca**, après les élections présidentielles de 2012, au poste de directeur général délégué du Crédit Agricole. Directeur du Trésor à partir de 2004, cet inspecteur des finances a quitté son poste début 2009 pour rejoindre Nicolas Sarkozy et devenir secrétaire général adjoint de la présidence de la République, en charge des Affaires économiques. En février 2011, ce haut fonctionnaire est devenu secrétaire général de l'Élysée, en remplacement de Claude Guéant.

Rocardien et proche de François Hollande depuis plusieurs années, **Emmanuel Macron**, secrétaire général adjoint de l'Élysée, est devenu le « Monsieur Économie » du président de la République jusqu'en juin 2014. Passé lui aussi par Bercy, cet énarque de 35 ans était encore banquier chez Rothschild lors de la campagne présidentielle de 2012.

L'inspecteur des finances et polytechnicien **Michel Pébereau** a quitté la direction du Trésor en 1982 pour rejoindre la direction de l'ex-CCF avant de privatiser la BNP dont il fut PDG, puis président, jusqu'en 2011. Pendant la crise de 2008, il était plus puissant que le ministre de l'Économie et des Finances et toutes les décisions passaient par lui ! Juge et partie…

L'inspecteur des finances **Daniel Bouton** a été directeur de cabinet d'Alain Juppé, puis directeur du Budget, avant de rejoindre la Société Générale, dont il a pris la présidence en 1997.

Polytechnicien et inspecteur des finances, son successeur **Frédéric Oudéa** à la tête de la Société Générale a effectué un bref passage en 1993 au cabinet de Nicolas Sarkozy, alors ministre du Budget et de la Communication, chargé notamment des questions sociales, avant d'entrer en 1995 dans le groupe bancaire et d'en prendre la direction quatorze ans plus tard en lieu et place de Daniel Bouton.

Et on pourrait continuer comme cela sur des dizaines de pages, avec des dizaines de noms.

Mais c'est inutile…

Vous avez compris.

• Les bonus dans les banques

Vaste sujet de scandales.

Il a fallu attendre quatre ans après la crise pour que les gouvernements contraignent les banques à plus de retenue.

Le plafonnement des bonus est aujourd'hui acté. Mais déjà contourné.

Les principales banques se sont engagées à ne pas payer de bonus supérieurs à deux fois le salaire fixe.

Les « bonus » ont donc baissé. Vraiment.

Beaucoup pour certaines : de 1,154 milliard en 2009 à la BNP à 500 millions environ en 2013.

Peu pour d'autres : 602 millions d'euros en 2009 pour la Société Générale, 500 millions d'euros en 2013.

Mais les banques ont trouvé une parade : l'augmentation des salaires fixes pour leurs « stars ».

Autre trouvaille : les « primes de fonction ». Un bonus qui ne dit pas son nom.

Et pourquoi pas aussi des primes de pénibilité ? Ou des primes de risque ? Pour les risques… que ces esprits brillants font peser sur nous.

Et les banques françaises exfiltrent aussi discrètement tous leurs traders stars à Londres, devenue la première place financière de France !

• Les salaires des patrons de banques

En avril 2014, *Les Échos* titraient: « Banques françaises: les salaires des patrons en forte hausse ». La « fin de la crise » marque le retour des rémunérations en hausse. La crise a d'ailleurs eu peu d'impact sur leurs rémunérations, mais la sortie de la crise oui. Pile ils gagnent, face on perd et ils gagnent toujours.

En 2013:

Jean-Laurent Bonnafé, le patron de la BNP, a reçu une rémunération de 3 440 375 euros, deux cents fois plus que la jeune réceptionniste d'une agence qui va bientôt disparaître. Une hausse de 8,1 % par rapport à 2012.

Frédéric Oudéa, Société Générale, 2 711 995 euros. Une hausse de 8,5 %.

Jean-Paul Chifflet, Crédit Agricole, 2 140 439 euros. Une hausse de 38,8 %.

Laurent Mignon, Natixis, 1 766 120 euros. Une hausse de 14,8 %.

François Pérol, BPCE, 1 446 286 euros. Une hausse de 29,4 %.

L'année prochaine sera sûrement aussi bonne pour eux. En plus, cela vous rassurera si vous êtes inquiets pour eux, on leur offre quelques millions d'euros d'actions.

• Le scandale Dexia

Votre argent a été englouti dans le naufrage de la banque Dexia. Près de 10 milliards d'euros déjà, et ce n'est pas terminé.

Tout ça parce qu'une banque «grenouille» a voulu devenir aussi grosse que les bœufs et qu'elle a explosé.

À l'origine, dans les années 2000, le Crédit Local de France. Qui fusionne avec le Crédit Communal de France. Et veut rivaliser avec les grandes banques internationales, notamment à coups d'acquisitions, aux États-Unis, avec un assureur de crédits, FSA.

La stratégie est aussi explosive que délirante: financer à court terme des prêts à très long terme, notamment aux collectivités locales.

Avec la crise de 2008, la liquidité à court terme s'évapore, la filiale américaine est en faillite.

Ni l'État, ni la Caisse des Dépôts actionnaire, ni les autorités de contrôle n'ont jugé bon de s'inquiéter de cette volonté d'expansion non contrôlée.

Les États français, belge et luxembourgeois ont dû intervenir pour nationaliser les pertes en récupérant tous les actifs pourris de Dexia.

La Cour des comptes souligne dans ses rapports que rien n'est réglé et qu'il faudra peut-être que vous remettiez la main à la poche.

Pour qui ? Pour quoi ?

À qui la faute ?

Ce n'est pas votre problème… Payez sans poser de questions…

Mais, rassurez-vous, pendant ces années de crise, les dirigeants ont continué de toucher des bonus.

• L'affaire Kerviel

Beaucoup d'articles et de livres ont été écrits sur le sujet.

Lorsque Kerviel a été condamné en première instance à une peine de prison et à payer 4,5 milliards d'euros à la Société Générale, l'avocat de la banque s'était permis de m'invectiver sur BFM TV parce que j'avais émis l'opinion que, même si Kerviel était coupable, la banque était aussi responsable.

Si un trader, de rang assez modeste, pas une star ni un hacker, avait réussi à dissimuler 5 milliards de pertes, c'est que la banque était soit complice soit négligente et, dans tous les cas, elle portait donc une part de responsabilité.

Il a fallu attendre le 19 mars 2014 pour que l'affaire ne devienne plus seulement une affaire Kerviel. Ce jour-là, la Cour de Cassation confirme partiellement sa condamnation : l'ancien trader de la Société Générale reste condamné à trois ans de prison ferme, mais ses 4,9 milliards d'euros de dommages et intérêts ont été cassés par la Cour.

Un nouveau procès au civil aura lieu.

Et ce procès sera, enfin, celui d'une banque, d'un système et pas simplement celui d'un homme, coupable, certes, mais pas seul responsable.

• Les grands scandales internationaux

Certaines grandes banques françaises sont impliquées depuis la crise dans des scandales majeurs qui secouent le monde financier.

Le premier à avoir éclaté, après celui des *subprimes*, est le **scandale du Libor**.

Le Libor, ou London InterBank Offered Rate, est le taux d'intérêt auquel les grandes banques internationales acceptent de s'accorder mutuellement des prêts non garantis sur le marché financier londonien.

Il est fixé chaque jour à 11 heures, heure de Londres, à partir des estimations communiquées par des grandes banques comme Barclays, HSBC, la Royal Bank of Scotland, la Deutsche Bank, UBS, JP Morgan, Citigroup, la Bank of America, et les françaises BNP Paribas, Société Générale et Crédit Agricole.

Il faut savoir que **le Libor sert de référence pour des centaines de produits financiers et des millions de prêts, dont les vôtres. S'il est manipulé, vous en supportez les conséquences**.

En 2008, les banques se seraient concertées pour fixer le taux à un niveau favorable… Depuis, les amendes pleuvent sur les banques qui ont participé à ce délit d'initié planétaire.

On pensait avoir atteint des sommets avec le scandale du Libor mais, en 2013, survient le **scandale du marché des changes**. Une manipulation du plus grand marché du monde, 5 000 milliards de dollars de transactions par jour, dont on ne connaît pas encore à ce jour toutes les ramifications. La manipulation des cours de change aurait duré plus de dix ans ! Les centaines de traders suspectés communiquaient récemment à travers des chatrooms aux noms évocateurs : « The Cartel » « The bandits' club », « The mafia »…

On retrouve dans cette « mafia » JP Morgan, Citigroup, UBS, Barclays, Goldman Sachs ou encore des traders de la Banque centrale d'Angleterre et de banques françaises comme BNP Paribas.

Et ce n'est pas fini. En juin 2014, le gouvernement américain a infligé une amende colossale de 9 milliards de dollars à BNP Paribas pour avoir violé pendant quatre ans l'embargo américain contre Cuba, l'Iran et le Soudan. D'autres banques françaises pourraient suivre…

Les grandes banques vous énervent. Vous avez bien raison.

7/
Les banques sont sous pression

Avez-vous remarqué que, depuis quelques mois, les banques s'intéressent à nouveau à vous ? Elles se reprennent d'amour, comme le révèlent leurs slogans publicitaires, si ridicules qu'ils en deviennent insultants. Elles n'ont pas le choix. Vous redevenez le pigeon de service.

Il faut attirer votre épargne pour renforcer les bilans.

Il faut vous proposer des crédits, surtout si vous avez plus d'épargne en compte que le crédit que vous demandez.

Il faut vous fourguer des cartes bancaires inutiles et vous bombarder de frais prohibitifs correspondant à des services de plus en plus médiocres voire inexistants.

Les banques n'ont pas le choix. Vous êtes redevenus leur seule source potentielle de profit. Seulement voilà, entre 2008 et 2014, le monde a changé. Pendant que les banques s'amusaient avec votre argent à faire sauter le monde, pendant qu'elles pansaient leurs plaies, toujours avec vos économies, tout a basculé.

Avec l'Internet.

Avec le mobile, l'arme de destruction massive de la banque classique.

Avec Paypal, Amazon, Apple, Google, Facebook.

Avec les banques en ligne.

Avec les comparateurs en ligne.

Avec les conseillers de gestion en ligne.

Avec les opérateurs télécom et les groupes alimentaires.

Avec les courtiers en prêts immobiliers.

Et même avec les débitants de tabac.

• La mort des agences bancaires ?

Cela fait des années, des dizaines d'années même, qu'on en parle.

Le nombre d'agences bancaires n'a pourtant pas baissé. Il a même augmenté de près de 10 % en dix ans !

2014 devrait marquer un tournant.

Les banques ont beau réaffirmer avec force dans leurs plans stratégiques leur attachement à leur réseau et à la proximité, elles doivent s'adapter aux habitudes des clients et la contrainte de rentabilité ne leur laisse pas d'autre choix que d'accélérer la fermeture des sites physiques.

Elles lancent des initiatives pour faire évoluer les agences et créer « l'agence de demain », mais c'est une façon politiquement correcte de préparer la mutation vers le numérique.

La stratégie « multicanal » consistera à basculer de l'agence, complétée par l'Internet et le mobile, au seul mobile, complété par l'Internet et quelques agences, pour l'image… Des « *concept stores* ».

Dans un rapport passionnant, Score Advisor décrit les agences de demain : des lieux conviviaux où on pourra s'attarder dans une ambiance cosy, boire un verre ou déjeuner, avec un jeu de couleurs et de lumières. Un peu comme les showrooms des grands constructeurs automobiles sur les Champs-Élysées.

On ira goûter un nouveau café chez Nespresso avant de retrouver ses amis pour prendre un mojito au BNP-PariBAR.

Revenons à la réalité d'aujourd'hui.

Elle est brutale : vous n'allez plus dans les agences.

Un Français sur quatre seulement s'y rend encore une fois par mois.

Selon la Fédération bancaire française, moins de 17 % vont dans leur agence plusieurs fois par mois (contre… 52 % en 2010 !).

Et, comme le souligne Bertille Bayart dans *Le Figaro*, « 90 % des contacts entre une banque et ses clients s'effectuent hors de l'agence ».

Pourtant, la France regorge d'agences bancaires.

Près de 40 000. 7 000 pour le Crédit Agricole, 7 500 pour le groupe BPCE, 3 200 pour la Société Générale, 2 200 pour BNP Paribas.

Si vous ajoutez à cela les 17 000 guichets de la Poste, vous trouverez un des taux d'agences bancaires par habitant les plus élevés d'Europe et un des plus élevés au monde.

70 % des salariés du secteur bancaire travaillent encore dans des agences.

Selon Score Advisor, plus de 15 % des agences bancaires ne sont plus rentables. Et la proportion augmente à un rythme rapide.

L'informatique n'a pas tué les agences dans les années 80.

Le mobile les détruira.

Toutes, ou presque.

• Les effectifs dans les banques

Les banques réduisent leurs effectifs.

Lentement mais sûrement.

Lentement car elles craignent toute vague sociale.

Compte tenu de leur rôle dans la crise, on peut les comprendre.

Sûrement car, avec l'explosion du numérique, la rentabilité de la banque de détail passe par des coûts réduits.

En 2013, comme le soulignent *Les Échos* sur la base des études de l'Observatoire des métiers de la banque, les quatre premières banques françaises ont supprimé 6 424 postes. Les embauches s'effondrent. De 8,8 % en 2011 à 5,7 % en 2012.

Et les embauches ne compensent pas les départs liés à la retraite ou à des démissions.

La chance des banques, c'est la pyramide des âges de leurs équipes. Les embauches massives des années 70 arrivent à l'âge de la retraite.

La banque reste un secteur majeur d'emplois du privé, avec environ 380 000 salariés.

Les banques aimeraient accélérer la baisse des effectifs. Mais elles ne le peuvent pas.

Pas encore.

Bientôt, toutefois, la banque de détail deviendra « la sidérurgie de demain », comme l'affirmait le rapport Nora-Minc... en 1978 !

• Les plans d'« avenir »

Les banques sont sorties de la grande crise, mais elles entrent dans une nouvelle : la crise du modèle bancaire traditionnel.

Elles ont toutes présenté un plan stratégique pour donner leur vision de l'avenir, et c'est instructif.

Prenons le Crédit Agricole. Une banque dont le bon sens n'a pas été le fort. Avec 10 milliards de pertes en Grèce, par exemple.

Le Crédit Agricole a présenté en mars 2013 son plan stratégique « Crédit Agricole 2016 ». Vous allez adorer le sous-titre : « Le client au cœur d'un groupe en mouvement ». Ce qui prouve bien que le client n'était pas vraiment au cœur de ses préoccupations avant...

Vous ne trouverez rien de révolutionnaire dans ce plan :

– le multicanal ;

– l'attachement au réseau d'agences (traduisez : on les fermera aussi vite qu'on pourra) ;

– la bancassurance (un concept novateur… des années 80) ;

– la « fidélisation des clients ».

Ben voyons. On redécouvre le client particulier. Vous.

En affirmant parallèlement qu'il faut mettre le cap sur une plus forte rentabilité.

Qui va encore payer ?

Vous.

CONCLUSION • La crise des *subprimes* et la Grèce n'ont pas détruit les banques.
Vous les avez sauvées grâce à vos impôts et à votre épargne.
Néanmoins, l'explosion de la chaîne bancaire traditionnelle va les mettre à genoux.
Devant vous.
Qui a encore besoin, aujourd'hui, d'une agence ?
Qui a encore besoin, aujourd'hui, de payer pour un conseiller *low cost*, joignable après une demi-heure d'attente et de répondeurs, dans un *call center* où on ne connaît ni sa problématique, ni le nom de sa rue, ni même parfois celui de sa ville ?
Qui a encore besoin, aujourd'hui, d'acheter des produits maison qui ne correspondent pas à ses besoins mais seulement aux besoins de générer des commissions ?
Personne.

Le modèle de la banque traditionnelle est en train d'exploser.
Comme avant lui celui des télécoms.
Ou de la distribution.

Vous, vous ne le savez pas encore.

Sur chacun des métiers traditionnels de la banque, apparaissent des alternatives.
Moins chères.
Plus pratiques.
Parfois gratuites.

Les banques sont sous pression.

DEUXIÈME PARTIE

La chasse aux frais est ouverte !

Je n'ai même pas besoin de savoir dans quelle banque vous êtes, ni de connaître vos tarifs ou votre forfait.

Je sais que **vous payez trop cher**.

Je n'ai aucun doute sur le sujet. Aucun.

Largement trop cher.

Trop cher parce que les tarifs de votre banque sont plus élevés que ceux d'une autre banque.

C'est toujours le cas car vous ne contrôlez ni vos coûts ni vos besoins.

Sauf si vous êtes dans une banque en ligne *low cost*, mais c'est le cas de peu d'entre vous.

Trop cher parce que vous payez pour des services que vous n'utilisez pas.

Trop cher parce que vous n'avez pas fait l'effort de déterminer vos besoins réels.

Vous payez donc trop cher.

Vos frais sont trop élevés.

Vous pouvez facilement économiser de 200 à 2 000 euros par an. Voire plus.

Si ce n'est pas significatif pour vous et que ça ne vous intéresse pas, tant mieux. Félicitations. Arrêtez la lecture du livre ou rendez-vous directement à la septième partie (sans passer par la case départ et donc sans toucher les 2 000 euros).

Si ça vous intéresse, suivez-moi, on attaque.

1/ Comparez !

La première étape va consister à comparer votre banque par rapport aux principales concurrentes.

Pas la peine de passer vos nuits à étudier les tarifications des banques. Heureusement, il existe aujourd'hui sur Internet des sites qui vous permettent de le faire : Panorabanques, Lelynx.fr, Choisirmabanque.com, Cbanque, Comparabanques et, bien sûr, UFC Que Choisir.

Parmi ces sites, certains affichent des comparaisons de tarifs pour les principaux services, de façon parfois très détaillée.

J'ai cependant tendance à privilégier ceux qui personnalisent la comparaison en posant des questions simples mais ciblées (Gérez-vous vos comptes sur Internet ? Avez-vous besoin d'un conseiller personnel ? Contactez-vous votre banque par Internet, téléphone ou en agence ?). Une fois votre profil établi et vos réponses saisies, on vous indiquera les économies que vous pourriez réaliser en changeant de banque. Et vous allez être surpris.

Certains sites vous indiqueront même les banques qui peuvent vous offrir, en fonction de votre profil, des tarifs plus avantageux. C'est le cas notamment de Panorabanques.com ou de choisirmabanque.com. Petit inconvénient : vous devez donner votre adresse e-mail et vous recevrez régulièrement des offres promotionnelles de banques qui rêveraient de vous avoir comme client. C'est assez crispant, mais c'est le prix à payer pour soigner votre obésité bancaire.

Le site UFC Que Choisir est lui aussi une mine d'informations très précieuse sur les tarifs bancaires. Il propose également une comparaison personnalisée qui vous indiquera votre excès de frais sans vous indiquer cependant les banques amaigrissantes. Pour obtenir ce renseignement, il faut payer un abonnement.

À titre d'exemples, voici les questionnaires que j'ai eus à remplir.

UFC QUE CHOISIR

Votre consommation de services bancaires

Faible :

Carte visa internationale ou MasterCard à débit immédiat
700 € d'autorisation de découvert par mois
Pas d'opération de Bourse

Moyenne :

Carte Visa internationale ou MasterCard à débit différé
900 € d'autorisation de découvert par mois
1 compte titres

Intense :

Carte Visa Premier ou Gold MasterCard à débit différé
1 700 € d'autorisation de découvert par mois
1 compte titres

Vos informations personnelles (toutes les informations demandées sont nécessaires à l'évaluation et à la comparaison de vos frais bancaires)

Votre département de résidence :
92 – HAUTS-DE-SEINE
Votre date de naissance :
08/12/1959
Votre banque actuelle :
BNP PARIBAS
Précisez votre caisse régionale :
BNP PARIBAS
Votre package :
Esprit Libre Infinite
Le nombre de CB rattachées à votre compte : **3**

Résultat :

L'étude de vos informations bancaires montre que vous pouvez économiser jusqu'à 197,19 € par an en changeant de banque !

Pour établir ce contact, le comparateur bancaire de l'UFC Que Choisir a analysé de manière détaillée et indépendante 126 banques de réseau et/ou en ligne sur la base des tarifs qu'elles communiquent, hors négociation et avantages commerciaux.

Vous voulez :

– Connaître la banque qui répond à vos besoins et vous fait économiser 197,19 € par an ?

– Obtenir une comparaison détaillée des produits et services des banques les moins chères ?

Abonnez-vous dès maintenant à QueChoisir.org et accédez à l'ensemble des résultats du comparateur de tarifs bancaires !

PANORABANQUES.COM

Ma banque actuelle :

BNP

Ma carte bancaire :

INFINITÉ – Débit différé

Choix du questionnaire rapide (30 sec.)

Gestion du compte

Vous gérez vos comptes sur Internet ?

Non – **Oui**

Découvert

Votre banque vous facture des frais pour dépassement de découvert autorisé ?

Jamais – 1 fois par an – 1 fois par trimestre – 1 fois par mois

Relations banque

Vous avez besoin d'un conseiller personnel ?

Non, je n'en ai pas besoin – Oui j'en ai besoin

En général, vous contactez votre banque…

Uniquement en agence – Par e-mail – Téléphone ou agence – **Par e-mail/téléphone**

Mon profil

Votre date de naissance (cette information est nécessaire car les tarifs bancaires peuvent varier en fonction de l'âge)

08/12/1959

Votre code postal

Votre adresse postale

En général, vous versez chaque mois sur votre compte…

Moins de 1 000 € – Entre 1 000 € et 1 200 € – Entre 1 200 € et 1 500 € – Entre 1 500 € et 2 000 € – **Entre 2 000 € et 3 000 €** – Entre 3 000 € et 4 000 € – Entre 4 000 € et 5 000 € – Plus de 5 000 €

Merci d'indiquer vos coordonnées, vous n'aurez pas à les ressaisir pour entrer en contact avec la banque de votre choix (Panorabanques n'aime pas le SPAM : vos coordonnées e-mail ne seront transmises qu'aux partenaires que vous pourriez sélectionner par la suite)

Civilité : Madame – Mademoiselle – **Monsieur**

Nom : **Fiorentino**

Prénom : **Marc**

Téléphone :

E-mail :

Je souhaite recevoir les bons plans des partenaires de Panorabanques : Oui – **Non**

Êtes-vous à la recherche de solutions de financement pour un projet immobilier ?

Non – Oui, un prêt immobilier – Oui, une négociation de prêt

Bourse

Quels placements détenez-vous ?

OPCVM (SICAV/FCP) – PEA/Compte titres – **Les deux** – Aucun

Vous souhaitez que nos établissements partenaires vous transmettent des informations personnalisées sur les livrets d'épargne surrémunérés.

Non – Oui

Combien payez-vous d'impôt sur le revenu par an ?

Moins de 2 500 € – **Plus de 2 500 €**

D'après la comparaison que vous venez d'effectuer, vous pouvez économiser jusqu'à 405 € sur vos frais bancaires :

Voici le podium des banques les moins chères calculé selon les informations personnalisées que vous nous avez confiées :

1. Fortuneo (405 € d'économie par an)
2. Banque Populaire Rives de Paris (206 € d'économie par an)
3. E-banque Populaire Rives de Paris (206 € d'économie par an)

Impressionnant, non ?

Et on ne parle que de frais classiques. Rien d'autre. Ni des découverts, ni des placements, ni des crédits…

Comparer, c'est essentiel.

Essentiel pour se rendre compte de l'ampleur des dégâts.

Mais pas pour choisir immédiatement votre banque. Pour choisir, il va falloir maintenant vous poser des questions existentielles.

2/

Avez-vous besoin d'un compte en banque ?

Commençons par le commencement : le moyen le plus simple, en théorie, d'éviter les frais bancaires, c'est... de ne pas avoir de compte en banque !

Ce n'est malheureusement ni très pratique (votre matelas et vos bas de laine ne sont pas si sûrs), ni très facile, même si aucune loi ne vous oblige à en avoir un.

En effet, si vous touchez moins de 1 500 euros net par mois, vous pouvez recevoir votre salaire en liquide. Au-delà de 1 500 €, la rémunération ne peut se faire que par chèque ou virement.

Vous pouvez régler vos dépenses jusqu'à 3 000 € en liquide à condition que le destinataire de l'argent (commerçant, société...) soit domicilié en France et agisse

« pour les besoins de son activité professionnelle », selon le Code monétaire et financier. C'est vrai pour les impôts, pour le gaz et pour l'électricité (vous pouvez régler par un mandat de la Poste).

En revanche, pour les allocations familiales, aides au logement, prestations sociales, etc., pour des raisons de sécurité, il est indispensable de disposer d'un compte bancaire ou postal.

Pas très pratique, donc, de vivre sans compte en banque, même si vous n'avez aucune obligation.

Mais avez-vous toujours le droit d'avoir un compte ?

Oui. Selon le code monétaire et financier, toute personne physique ou morale a droit à l'ouverture d'un compte dans l'établissement de crédit de son choix.

En cas de refus de la part de l'établissement choisi, la personne peut saisir la Banque de France afin qu'elle lui désigne un établissement de crédit situé à proximité de son domicile ou d'un autre lieu de son choix.

L'établissement de crédit qui a refusé l'ouverture d'un compte remet systématiquement et sans délai au demandeur une attestation de refus d'ouverture de compte. Les établissements de crédit désignés par la Banque de France sont tenus d'offrir au titulaire du compte des services bancaires de base dont le contenu et les conditions tarifaires sont précisés par décret.

Que se passe-t-il pour les « interdits bancaires » ?

Est interdite bancaire toute personne qui a émis un chèque sans provision, c'est-à-dire sans posséder suffisamment d'argent sur le compte bancaire concerné, et qui n'a pas pu ou n'a pas voulu procéder à sa régularisation. De même, une personne impliquée dans un procès où les questions de probité et de respect des engagements financiers occupent une place majeure peut être interdite bancaire à titre de peine complémentaire. Les interdits bancaires perdent immédiatement le droit d'émettre des chèques mais peuvent conserver un compte dans une banque de leur choix, ou, en cas de refus, dans une banque indiquée par la Banque de France, suite à l'application de la procédure du droit au compte. Ils doivent pouvoir disposer d'une carte bancaire, effectuer des virements et prélèvements, des dépôts et des retraits d'espèces, payer avec des chèques de banque.

Conclusion

Vous avez besoin d'un compte en banque.

3/

De quoi avez-vous vraiment besoin ?

Cette question est déterminante.

La principale source de votre tourment, ce sont bien évidemment les frais, surtout pour des services dont vous n'avez pas besoin.

Alors faites le ménage. Apprenez à jeter.

Partons de vos besoins. Uniquement de vos besoins. Pour tenter de trouver les solutions les plus adaptées et les moins chères.

• Une carte de crédit

Certes, on peut vivre sans carte bancaire, mais ce n'est pas très pratique. Vous en avez donc besoin.

Une seulement par personne (hors carte professionnelle).

Les banques vous proposent une multitude de cartes, payantes bien sûr, sans même évoquer les American Express et autres équivalentes, alors que, dans 90 % des cas, une seule suffit.

Résiliez toutes les autres. Vous venez de faire une économie substantielle.

Il y a deux principales catégories de cartes :
- les cartes de paiement internationales à débit immédiat ;
- les cartes de paiement internationales à débit différé.

Privilégiez, si possible, le débit différé car les tarifs sont proches ou équivalents et vous bénéficiez d'un crédit gratuit sur quelques jours.

De même, vous pouvez souvent choisir entre les cartes bleues classiques et les cartes haut de gamme type Premier.

Si la carte haut de gamme est gratuite, n'hésitez pas ; si elle est payante, vous vous en passerez. Tant pis pour la frime.

Au contraire, la carte bleue redevient tendance. Presque bobo.

(Notez tout de même que la carte Visa Premier est pratique si vous voyagez : vous bénéficierez d'assurances assez bon marché pour un certain nombre de services.)

À titre d'exemple, à la BNP :
- Une carte Visa Infinite coûte 340 €.
- Une carte Visa Premier coûte 132 €.
- Une carte Visa Classic à débit différé coûte 46 €.
- Une carte Visa Classic à débit immédiat coûte 41 €.

Alors que chez HelloBank, filiale en ligne de la BNP, une carte Visa Classic ou Premier à débit différé est… gratuite.

Vous vous trouvez toujours malin avec votre carte Infinite à 340 euros ?

Conclusion

La règle est donc simple. **Une carte, une seule, si possible à débit différé. La moins chère possible. Voire une carte gratuite.**

Cette carte vous coûtera entre 45 et 50 € dans une banque classique. Rien dans la plupart des banques en ligne.

Surtout, ne soyez pas gêné. La banque ne vous fait pas un cadeau en vous proposant une carte gratuite. Quand vous utilisez votre carte, vous lui rapportez de l'argent : à chaque transaction, le commerçant paie une commission à sa banque, qui en reverse une partie à la vôtre.

• Les retraits d'espèces

Vous n'y faites pas attention. Vous retirez de l'argent, souvent au dernier moment, et donc dans la banque la plus proche au moment de votre besoin de liquidités.

Erreur.

Un retrait dans le distributeur automatique de billets de votre banque est gratuit. Mais il est souvent payant ailleurs. Dès le premier retrait pour certaines banques ou à partir de 4 ou 5 retraits pour d'autres. Pour les retraits en euros dans un autre établissement de la zone euro, 1 euro par retrait.

Cela paraît peu. Mais quand on sait qu'un retrait moyen tourne autour de 20 euros, cela fait un taux de frais de 5 %.

Conclusion

Prévoyez. Retirez de l'argent quand vous passez devant le distributeur automatique de billets de votre banque.

Gardez aussi à l'esprit qu'un retrait d'espèces au guichet d'une autre agence de votre banque peut coûter autour de 5 euros et une demande de mise à disposition de fonds, plus de 20 euros !

• Les prélèvements et les virements

Là encore, difficile d'y échapper. Que ce soit pour un loyer, un remboursement de crédit ou tout autre paiement sur la durée. Un service simple, basique, pour lequel les banques se rémunèrent tranquillement et largement.

Ici, vous avez peu de marge de manœuvre. Limiter le nombre de prélèvements ? Compliqué… Ce n'est pas une opération qu'on fait par plaisir mais par nécessité.

Il ne reste plus qu'à limiter leurs coûts.

Les banques en ligne vous offrent généralement ce service. C'est le cas de Boursorama, alors que sa maison mère, la Société Générale, chargera au minimum 1 €. Idem pour HelloBank, alors que la BNP chargera de 1 € pour un virement permanent en France et plus de 6 € pour un virement urgent. Chez Fortuneo, aucun frais, alors que ce sera au moins 1 € pour sa maison mère, le Crédit Mutuel Arkea.

4/

Le must des frais bancaires : la « tenue de compte »

Avez-vous jeté un coup d'œil à votre brochure tarifaire ? Faites-le. Juste une fois. Ça vaut le coup.

Un petit exemple avec la Société Générale :

IRRÉGULARITÉS ET INCIDENTS

	Euros
COMMISSION D'INTERVENTION	
Somme perçue par la banque en raison d'une opération entraînant une irrégularité de fonctionnement du compte nécessitant un traitement particulier	
■ **Par opération** (dans la limite de 80,00 € par mois)	8,00
OPÉRATIONS PARTICULIÈRES	
■ **Paiement d'un chèque sur compte d'un titulaire interdit bancaire**	10,10
■ **Frais par opposition à tiers détenteur, par avis à tiers détenteur et par saisie attribution**	109,00
■ **Frais pour opposition administrative**	10 % du montant dû (maxi. 109,00)
■ **Frais de lettre d'information pour compte débiteur non autorisé**	14,50
■ **Chèque remis revenu impayé pour motif autre que sans provision**	13,50
INCIDENTS DE PAIEMENT	
■ **Frais de lettre d'information préalable pour chèque sans provision** par chèque Cette information vous permet de régulariser votre situation et vous évite une interdiction d'émettre des chèques	13,80
■ **Forfait de frais par chèque rejeté pour défaut de provision**	
– Pour un chèque ≤ à 50 €	30,00
– Pour un chèque > à 50 €	50,00

Conséquence de l'émission d'un chèque sans provision
Le rejet d'un chèque sans provision entraîne l'interdiction immédiate d'émettre des chèques sur l'ensemble des comptes détenus par l'émetteur dans toutes ses banques. Elle entraîne l'inscription au Fichier Central des Chèques de la Banque de France recensant les personnes frappées d'une interdiction d'émettre les chèques.

Cette interdiction est valable pour une durée de 5 ans. Cependant, la levée de l'interdiction peut être obtenue à tout moment à la suite de la régularisation de la situation par le client.	
■ Frais de rejet de Prélèvement, Titre Interbancaire de Paiement (TIP) ou téléréglement pour défaut de provision	
– Pour un montant < à 20 €	montant du rejet
– Pour un montant ≥ à 20 €	20,00
■ Frais de non exécution de virement permanent pour défaut de provision	
– Pour un virement < à 20 €	GRATUIT
– Pour un virement ≥ à 20 € à destination d'un compte Société Générale	GRATUIT
– Pour un virement ≥ à 20 € à destination d'une autre banque	20,00
Les sommes perçues dans le cadre de ces forfaits par la Société Générale à l'occasion du rejet d'un chèque ou d'un autre moyen de paiement, pour défaut ou insuffisance de provision, comprennent l'ensemble des frais bancaires facturés au titulaire du compte, quelles que soient la dénomination et la justification de ces sommes.	

Si vous pensez avoir compris, lisez cela :

OPÉRATIONS AVEC L'ÉTRANGER

	Euros
LES COURS DE CHANGE Les transactions sont converties aux conditions de change du réseau Société Générale au moment de la transaction. Demandez-les à votre conseiller avant la validation de l'ordre.	
Change manuel	
■ **Encaissement de chèques de voyage**[1]	
– en euros	GRATUIT
– en devises	3 % du montant mini. 9,90
■ **Achat et vente de billets de banque étrangers**	
– commission par opération	1,5 % d'un montant mini. 6,00
– commission fixe supplémentaire pour les opérations de non-clients	9,90
Virement vers l'étranger	
■ **Émission d'un virement SEPA** en euros émis vers un pays de la zone SEPA	
■ **Émission d'un virement non SEPA**[2] **(International)** Virement dans une devise autre que l'euro ou virement vers un pays en dehors de la zone SEPA	
– par virement	0.9 ‰ du montant mini. 13,75 maxi. 70,00
– commission de change sur le montant de la transaction[3]	0,5‰ du montant mini. 14,00

1. Réservé à la clientèle ayant un compte Société Générale.
2. Pour les opérations avec l'étranger, s'ajoutent, le cas échéant, les frais de transmission (frais SWIFT...), les commissions et frais réclamés par le correspondant étranger.
3. Commission réduite de moitié pour la partie supérieure à 75 000 €.

■ **i-Transfert**	
Virement initié à partir d'un serveur vocal : 0892 694 694 (0,34 € TTC/minute ; tarif en vigueur au 01/01/2014[1])	
– abonnement mensuel	1,00
– transfert en faveur d'un compte tenu dans une filiale Société Générale, selon la filiale	de 1,50 à 10,00
– transfert pour mise à disposition d'espèces dans une agence d'une filiale Société Générale, selon la filiale	de 3,00 à 20,00
Virement en provenance de l'étranger	
■ **Réception d'un virement SEPA** En euros en provenance d'un pays de la zone SEPA	GRATUIT
■ **Réception d'un virement non SEPA[3] (International)** Virement dans une devise autre que l'euro ou virement en provenance d'un pays en dehors de la zone SEPA	
– D'un montant inférieur à 150 €	GRATUIT
– D'un montant supérieur à 150 €	
– par virement	16,50
– commission de change sur le montant de la transaction[3]	0,5 ‰ du montant mini. 14,00
CHÈQUES[2]	
■ **Chèque en euros présenté par une banque étrangère**	1 ‰ du montant mini. 20,33
■ **Performance Chèques Étrangers**	
Encaissement d'un chèque en euros ou en devises tiré sur l'étranger	
– Formule « Crédit accéléré »	16,74
– Formule « Crédit ferme »	1 ‰ du montant mini. 16,74

1. Depuis une ligne fixe Orange en France. Depuis un autre opérateur en France ou à l'étranger, tarification selon opérateur.

2. Pour les opérations avec l'étranger, s'ajoutent, le cas échéant, les frais de transmission (frais SWIFT…), les commissions et frais réclamés par le correspondant étranger.

3. Commission réduite de moitié pour la partie supérieure à 75 000 €.

■ **Commission de change sur le montant du chèque[3]**	0,5 ‰ du montant mini. 14,00

Certaines instructions de virements sont transmises entre banques par l'intermédiaire du réseau sécurisé de la Société de Télécommunications interbancaires mondiales (SWIFT). Compte tenu du caractère international de ce réseau, les données relatives aux virements peuvent être communiquées à des autorités étrangères.
Pour en savoir plus, consultez la « Notice d'information SWIFT » sur le site particuliers. societegenerale.fr

C'est tellement indigeste et illisible que vous serez prêts à payer n'importe quoi plutôt que de passer l'heure nécessaire à vous y retrouver. C'est d'ailleurs ce que vous faites en grande majorité.

La bonne nouvelle, c'est que la loi de régulation bancaire et financière d'octobre 2010 a confié au Comité consultatif du secteur financier (CCSF) une mission : suivre l'évolution des tarifs bancaires. En 2011, le CCSF a donc lancé un Observatoire des tarifs bancaires, qui publie un rapport annuel avec une analyse des extraits standard des tarifs et de l'évolution tarifaire des services.

126 établissements analysés, 47 000 tarifs passés au crible.

L'étude se concentre sur les tarifs des dix services les plus utilisés :

– Abonnement Internet permettant de gérer ses comptes en ligne ;

– Produit offrant des alertes sur la situation du compte par SMS ;

– Carte de paiement internationale à débit immédiat ;

– Carte de paiement internationale à débit différé ;

– Carte de paiement à autorisation systématique ;

– Retrait en euros dans un DAB d'un autre établissement de la zone euro avec une carte de paiement internationale ;
– Virement SEPA (*Single Europe Payments Area*) occasionnel externe dans la zone euro ;
– Frais de prélèvements ;
– Commission d'intervention ;
– Assurance perte ou vol des moyens de paiement.

Depuis le 1er janvier 2011, les banques ont l'obligation d'afficher sur leur site le prix de ces dix services les plus couramment utilisés et de les faire apparaître en première rubrique.

Par conséquent, les banques ont trouvé une échappatoire : **les frais de tenue de compte**. La dénomination vaut le détour. Ça ne veut absolument rien dire. En fait, c'est un fourre-tout qui permet à certaines banques de facturer ce qu'elles veulent. Tout, et n'importe quoi. Sans avoir à se justifier.

On ne trouve dans aucune plaquette, ni aucun texte, comme le souligne l'Observatoire des frais bancaires, une définition de la notion de tenue de compte. Sauf sur le site du CCSF, qui définit les frais de tenue de compte comme « les frais perçus par la banque ou l'établissement pour la gestion du compte ». Avec ça, on est bien avancé, non ?

Comme l'indique UFC Que Choisir, les frais de tenue de compte explosent : sur les 105 établissements étudiés en juin 2013, 61 pratiquaient ces frais, pour un montant moyen de 22 €. C'est 56 % de plus qu'en 2010, à la veille de la mise en place du récapitulatif des dix tarifs, où ils n'étaient que 39, et pour 20,60 € en moyenne. Ces frais répondent à un double objectif des banques :

– augmenter discrètement les tarifs en passant sous le radar actuel des dix opérations suivies par l'Observatoire des tarifs bancaires ;

– rendre artificiellement plus intéressants des packages souvent inutiles, où ce service est inclus. Les clients qui ne prennent pas les packages, eux, doivent payer la tenue de compte.

La blague : des frais de tenue de compte… inactif !

Comme le souligne UFC Que Choisir, « le montant de ces frais est sans aucune réalité économique : en effet, le client qui n'utilise pas son compte doit payer, au titre de la gestion et de la tenue de ce compte, un tarif moyen deux fois plus élevé que le consommateur qui, lui, fait des opérations sur son compte (22 €) » !

Conclusion

Que faire ? Là encore, **comparez et surveillez ces frais**, orientez-vous vers des banques dont les frais sont les moins élevés, voire gratuits comme c'est le cas pour les banques en ligne.

Et les forfaits ?

Encore une blague pour essayer de camoufler certains frais : les packages. Un peu comme les forfaits télécom avant l'arrivée de Free. Vous n'y gagnez rien ou pas grand-chose, quand vous ne payez pas tout simplement davantage avec des services que vous n'utilisez pas.

Selon le rapport de l'Observatoire, 97 % des banques proposent au moins une offre groupée de services. En moyenne plus de quatre forfaits par banque. Jusqu'à onze parfois, pour noyer le poisson. Dans les forfaits, jusqu'à dix-neuf services, auxquels on peut rajouter parfois jusqu'à dix-huit options pour les personnaliser. Avec carte ou sans carte. Premium ou pas. Pour un prix exceptionnel passant de 60 € à... 330 € !

Une affaire, non ? Surtout pour des services que vous pourriez trouver gratuitement.

Certains forfaits sont même destinés aux mineurs. Les pauvres.

Conclusion

Ne touchez pas à ces forfaits.

Les banques essaient de trouver la parade avec des « services à la carte ». Évitez-les aussi.

Et les frais « divers » ?

Vous pensez que vous avez tout vu avec les frais de tenue de compte ?

Attendez...

Vous est-il arrivé d'avoir besoin d'un relevé bancaire que vous n'aviez plus, de demander la copie d'un chèque dont vous n'arrivez plus à trouver le bénéficiaire ou la copie d'un autre document ?

Non ?

Impossible.

C'est déjà arrivé et vous n'en avez gardé aucun souvenir.

Pour une raison très simple : vous n'auscultez pas vos relevés bancaires chaque mois en profondeur.

Si c'était le cas, vous n'auriez jamais oublié.

Pour une copie ou une recherche, certaines banques peuvent vous charger des dizaines, voire une centaine d'euros !

Quelques exemples de tarifs dans une banque bien connue (qui est loin d'être la plus chère) dont je tairai le nom :

– Duplicata de relevé de compte : 12,90 € (à l'unité)
– Document de plus d'un an : 33 €
– Fourniture d'attestation simple : 20,50 €
– Fourniture d'attestation complexe : 41 €
– Demande de photocopie de chèque émis : 12,90 €, mais 33 € si c'est à plus d'un an

Je passe bien sûr sur les retours de courriers (client inconnu à l'adresse) à 9 € et sur les « incidents de paiement », qui vous coûteront une petite fortune. Une saisie conservatoire ou opposition à tiers détenteur coûte… 109 € ! Quand vous aurez réglé le problème, vous aurez à payer 39 € pour une « lettre de clôture juridique ». L'imagination bancaire n'a pas de limites…

Les banques en ligne sur ce sujet ne sont pas en reste :

– un duplicata de relevé coûte 12 € chez Boursorama, 15 € chez Monabanq et 6 € chez Fortuneo ;

– la photocopie d'un chèque émis coûte 15 € chez Boursorama et 10 € chez Monabanq ;

– les frais de recherche de documents sont de 10 € par page chez Fortuneo et de 5 € par document chez ING Direct.

Conclusion

Que faire ?

Comparer, encore et toujours.

Et conserver ses archives.

5/
Le massacre du découvert

Le découvert, c'est l'arme de destruction massive des banques.

Leur duplicité s'étale alors au grand jour. D'un côté, elles vous culpabilisent, vous rappellent à l'ordre ou vous interdisent même tout découvert. De l'autre, elles vous y poussent car le fait que vous soyez à découvert est extrêmement rentable pour une banque et le taux de casse, le risque de non-remboursement, est très limité. Les banques ont tant d'armes à leur disposition pour vous obliger à rembourser que vous ne ferez défaut que si votre situation est dramatique.

• Trois types de découverts

1. Le découvert « négligence ». C'est celui que les banques préfèrent. Vous avez de l'argent sur un compte épargne, souvent dans la même banque, mais vous êtes à découvert sur votre compte courant parce que vous n'avez pas suivi vos dépenses. Du coup, la banque vous prête à plus de 10 % ce qu'elle vous rémunère à 0 %.

Ce découvert doit disparaître ! Vous devez suivre – avec les applications d'alerte c'est devenu très simple – vos soldes et éviter de payer bêtement des sommes qui finissent par devenir significatives. Vous n'avez pas d'excuse, c'est inadmissible.

2. Le découvert ponctuel. Typique d'une fin de mois un peu difficile, il ne dure que quelques jours. S'il se reproduit tous les mois, il devient structurel (voir ci-dessous) et il faut l'éliminer. S'il est rare, accidentel, il est acceptable. Négociez tout de même avec votre banque une autorisation de découvert. Et le taux surtout !

3. Le découvert structurel. Vous êtes régulièrement dans le rouge. Pas d'un montant trop élevé, mais tout de même… Vous vous dites que ce n'est pas très grave. Vous vous trompez. Un découvert coûte une fortune. S'il est structurel, transformez-le en crédit personnel à moyen terme. Cela vous coûtera nettement moins cher. L'idéal serait de ne pas avoir de découvert et d'ajuster vos dépenses à vos revenus. Mais la réalité est souvent un peu différente. Dès lors, vous devez limiter son coût.

• Le coût du découvert

Les banques se gavent.

Il y a tout d'abord les commissions dites « d'intervention » quand vous passez dans le rouge. Depuis la loi bancaire du 26 juillet 2013, elles sont limitées à 8 € par opération et 80 € par mois (4 € et 40 € pour les clients fragiles) mais restent très élevées.

À ces commissions fixes d'intervention, s'ajoute évidemment le taux auquel les banques vous prêtent la somme en découvert, et là, c'est la fête... même si, en théorie, la totalité du coût de découvert ne doit pas dépasser le taux de l'usure, soit environ 20 %... 20 % ! Du délire !

Toutes les études sur les frais bancaires montrent que ce sont les Français qui ne sont jamais dans le rouge qui paient les frais bancaires les moins élevés, deux fois moins élevés même que les autres, selon Panorabanques.

Conclusion

Combattre, structurer et négocier votre découvert est une nécessité absolue.

CONCLUSION • Vous payez trop de frais. C'est certain.
En France, pendant très longtemps, la gratuité des frais était la contrepartie logique de la non-rémunération des dépôts. C'est au cours des années 2000 que les banques ont voulu pratiquer la « vérité des prix » sur les frais, sans rémunérer les comptes courants. Malin, non ?
Depuis, c'est un massacre dont vous êtes la victime consentante.
Maintenant vous êtes prévenus : comparez, évaluez et adaptez vos besoins. Si nécessaire, n'hésitez plus à changer de banque.

TROISIÈME PARTIE

Les banques et les placements

La France est une exception financière. Certes, l'État est en déficit. Certes, la dette de l'État explose chaque année un peu plus. Elle s'approche dangereusement des 2 000 milliards d'euros.

Mais les ménages sont riches. Très riches. L'épargne des ménages français atteint 12 000 milliards d'euros. Six fois le montant de la dette de l'État. 7 000 milliards environ dans l'immobilier. 5 000 milliards en épargne financière, dont 1 500 milliards en assurance-vie, le placement préféré des Français, et près de 400 milliards d'euros en livrets défiscalisés.

Contrairement à ce que nous répète le dernier bastion collectiviste du monde regroupé dans notre pays, l'épargne n'est pas concentrée uniquement entre les mains des grandes familles. Même si elles en détiennent une part (trop) importante.

Le patrimoine moyen d'un ménage français est d'environ 230 000 €. Mais le patrimoine médian est tout de même proche de 200 000 €.

Pour 66 millions d'habitants, il y a :
- 60 millions de livrets A ;
- 11 millions de contrats d'assurance-vie ;
- 7 millions d'actionnaires.

La France est une terre riche. Les banques l'ont compris. Elles continuent de drainer la plus grande partie de l'épargne, et de loin. Avec des produits qui sont souvent au mieux inutiles. Au pire, nuisibles et mortels. Avec des frais élevés et des performances souvent médiocres.

La question est donc simple : avez-vous besoin des banques pour placer votre argent ?

1/ Les banques et l'assurance-vie

L'assurance-vie reste le placement préféré des Français. Après une phase de doute liée à la crise et à la baisse des rendements, la collecte est à nouveau positive et le montant global progresse, plus lentement mais sûrement.

Qu'est-ce qu'une assurance-vie ?

Une enveloppe fiscale qui permet de se constituer une épargne à long terme avec des avantages successoraux pour les bénéficiaires désignés en cas de décès. L'épargne est disponible à tout moment avec une imposition sur les gains très faible au bout de huit ans. Elle peut répondre à plusieurs objectifs, de la préparation de la retraite à la préparation de la succession en passant par la simple constitution d'un capital.

Comment ça marche ?

Il s'agit d'un produit d'épargne que vous pouvez ouvrir chez un assureur (Generali, Allianz…), la filiale assurance d'une grande banque (Cardif pour BNP) ou une mutuelle (MAAF, MMA…).

Il existe deux types de contrats :

– le contrat « monosupport » : comme son nom l'indique, les versements sur ce contrat sont placés sur un seul support, qu'on appelle le « fonds en euros ». Il s'agit d'un produit sécuritaire, géré et garanti par l'assureur, investi majoritairement en emprunts d'État ou d'entreprise. Mais l'assureur peut décider d'investir dans des produits un peu plus dynamiques, ce qui explique que ces produits offrent des rendements supérieurs au taux sans risque (2,8 % en moyenne en 2013).

– Le contrat « multisupport » : l'assuré a le choix de placer son épargne sur un ou plusieurs supports. Parmi ces supports, le traditionnel fonds en euros, mais aussi d'autres supports plus dynamiques : des fonds investis sur des actions ou des obligations (OPCVM), ou des produits immobiliers (SCPI). Le nombre de supports dépend du contrat. On trouve des contrats proposant trois, quatre supports mais aussi des contrats qui en proposent cent, voire deux cents. Plus vous avez de supports, plus ils sont diversifiés en terme d'actifs (actions, obligations, immobilier), ainsi qu'en terme de risques.

Quelle est la fiscalité ?

L'impôt est généralement dû au moment de la sortie. En cas de rachat partiel ou total, seule la partie revenus (intérêts ou plus-values) du retrait est soumise à l'impôt. Ces revenus sont au choix intégrés dans le revenu imposable, ou soumis à un taux qui dépend de l'âge du contrat (35 % avant quatre ans, 15 % entre quatre et huit ans, 7,5 % après huit ans). Au bout de huit ans, vous bénéficiez, en plus, d'un abattement de 4 600 € pour une personne seule et 9 200 € pour un couple. À cela s'ajoutent les prélèvements sociaux de 15,5 % sur les unités de compte (sur le fonds en euros, ils sont prélevés chaque année).

En cas de décès de l'assuré, le capital est remis au(x) bénéficiaires(s) désigné(s) et soumis à des droits de succession après abattements : pour les versements réalisés avant 70 ans, l'abattement est de 152 500 € par bénéficiaire (puis imposition forfaitaire qui débute à 20 %). Pour les versements réalisés après 70 ans, l'abattement est de 30 500 € pour l'ensemble des bénéficiaires, puis on applique les droits de succession communs (mais les intérêts sont totalement exonérés).

Assurance-vie : banques ou pas banques ?

Vous pouvez souscrire à une assurance-vie par l'intermédiaire des banques classiques. C'est d'ailleurs ce que vous faites le plus souvent.

Le problème, c'est qu'elles vous feront payer des frais d'entrée, des frais sur versement (3 % minimum) et des commissions de gestion dissuasifs. Or, elles donnent accès à des assureurs qui, aujourd'hui, commercialisent les mêmes contrats d'assurance-vie par d'autres canaux et dans des conditions financières largement plus favorables.

VERDICT • Évitez la banque. Sauf, éventuellement, les banques en ligne.

Privilégiez les plates-formes Internet de ventes d'assurance-vie avec des compagnies d'assurance solides. Vous n'aurez aucun frais d'entrée, zéro frais sur versement et des frais de gestion extrêmement bas. Et le plus souvent des performances plus élevées.

Si vous avez déjà un contrat d'assurance-vie dans votre banque et que vous ne souhaitez pas en ouvrir un autre, il faut absolument, en cas de nouveau versement, que vous négociiez les frais sur versement. Vous n'obtiendrez pas zéro, mais vous limiterez la casse, et c'est déjà très important.

2/

Les banques et les livrets

Qu'est-ce que c'est ?

Un compte épargne rémunéré, permettant de placer un capital à court terme et/ou dans l'attente d'un investissement à long terme, en gardant ses liquidités disponibles à tout moment.

Comment ça marche ?

Il existe deux types de livrets : les livrets dits réglementés et les livrets non réglementés.

Sur les livrets réglementés, la rémunération est fixée par l'État. Elle est actuellement de 1,25 % sur le livret A et le LDD, 1,75 % sur le LEP, 0,75 % sur le CEL et 2,5 % sur le PEL.

Le livret A est le plus utilisé. Son objectif est de préserver le pouvoir d'achat des Français et son rendement est calculé selon une formule qui dépend de l'inflation. Les fonds sont déposés à la Caisse des dépôts, qui les utilise pour financer des missions d'intérêt général, et particulièrement le logement social (HLM).

Le livret de développement durable (LDD) est la nouvelle dénomination du livret Codevi, créé en 1983 en réponse aux demandes des banques d'abolir le monopole de distribution du livret A.

Jusqu'en 2009, seuls la Banque Postale, le Crédit Mutuel et la Caisse d'Épargne pouvaient proposer des livrets de développement durable. Aujourd'hui, ils sont disponibles dans toutes les banques. Les fonds collectés sont destinés au financement des travaux d'économie d'énergie dans les bâtiments anciens, il sert aussi au financement des petites et moyennes entreprises (PME).

Le livret d'épargne populaire (LEP) est destiné à aider les personnes disposant de revenus modestes à placer leurs économies dans des conditions maintenant leur pouvoir d'achat. Pour pouvoir ouvrir ce livret, votre revenu fiscal ne doit pas dépasser un certain plafond.

Le plan d'épargne logement (PEL) est un compte bancaire qui permet une phase d'épargne entre quatre et dix ans, et d'obtenir à la sortie un crédit à taux préférentiel pour le financement de son logement. Disponible dans toute banque, il peut être ouvert par toute personne mineure ou majeure, pour un versement minimum de 225 € à la souscription, et un dépôt minimal de 540 € par an.

Le compte épargne logement (CEL) fonctionne presque comme un PEL, à la différence près que le versement minimum de souscription est de 300 €, les versements ultérieurs sont libres et le solde du compte ne peut dépasser 15 300 €.

Sur les autres livrets, non réglementés, la rémunération est libre, variable d'une banque à l'autre. Début 2014, les taux s'échelonnent de 0,8 % à 2 % brut. Certains établissements proposent toutefois des « super-livrets » avec des rendements dopés sur une période donnée

Quelle est la fiscalité ?

Les livrets réglementés ne sont pas imposés. Les intérêts du CEL et du PEL subissent néanmoins des prélèvements sociaux de 15,5 %. Et le PEL devient imposable au bout de douze ans. Ces livrets sont donc fiscalement intéressants mais les versements y sont limités : 22 950 € pour le livret A, 12 000 € pour le LDD, 7 700 € pour le LEP, 15 300 euros pour le CEL et 61 200 euros pour le PEL.

Souvent plus rémunérateurs, les livrets non réglementés sont par contre imposables. Les intérêts sont intégrés dans le revenu imposable, taxés au barème progressif de l'impôt sur le revenu. Auparavant, ils supportaient un prélèvement à la source non libératoire de 24 % lors de leur encaissement (sans compter les 15,5 % de prélèvements sociaux). Cette somme vient ensuite minorer l'impôt sur le revenu dû. Si elle l'excède, le solde est restitué. Si toutefois le montant des gains annuels ne dépasse pas 2 000 euros, le prélèvement peut se substituer à l'impôt sur le revenu. Enfin, les contribuables dont le revenu fiscal de référence de l'avant-dernière année est inférieur à 25 000 euros pour une personne seule, et à 50 000 euros pour un couple, peuvent demander à être dispensés de ce prélèvement forfaitaire non libératoire.

Les livrets : banques ou pas banques ?

Pour les livrets défiscalisés

VERDICT • Banques

Les taux des livrets bénéficiant de la défiscalisation partielle ou totale sont réglementés. Les banques ne peuvent pas charger de commissions supplémentaires.

Choisir donc la facilité à tarification égale.

Pour les livrets non réglementés

VERDICT • Banques en ligne

En ce qui concerne les super-livrets, les banques en ligne sont plus agressives. Les banques classiques en proposent rarement et à des taux très largement inférieurs.

3/ Les banques et les comptes à terme

Qu'est-ce qu'un compte à terme ?

Il s'agit d'un compte épargne rémunéré, bloqué pendant plusieurs mois, idéal pour un placement d'attente à moyen terme mais dont on connaît l'échéance.

Comment ça marche ?

Le capital est rémunéré jusqu'à l'échéance du compte au taux fixé par la banque. Ce taux sera d'autant plus élevé que la durée de placement est longue. Début 2014, on obtenait autour de 0,25 % sur un compte à terme d'un mois et de 0,75 à 1,80 % sur six mois.

Quelle est la fiscalité ?

Les intérêts sont imposés à l'échéance. Ils supportent un prélèvement à la source non libératoire de 24 % (sans compter les 15,5 % de prélèvements sociaux). L'année suivante, ils doivent être déclarés au barème de l'impôt sur le revenu. L'impôt déjà payé vient minorer l'impôt sur le revenu dû. S'il l'excède, le solde est restitué. Si le montant des gains annuels ne dépasse pas 2 000 €, le prélèvement peut se substituer à l'impôt sur le revenu. Enfin, les contribuables dont le revenu fiscal de référence de l'avant-dernière année est inférieur à 25 000 € pour une personne seule, et à 50 000 € pour un couple, peuvent demander à être dispensés de ce prélèvement forfaitaire non libératoire.

Comptes à terme : banques ou pas banques ?

VERDICT • Banques

Ce sont des produits bancaires par définition. Ils sont souvent destinés à des patrimoines élevés car il faut des montants significatifs pour obtenir des rendements raisonnables.

4/
Les banques et le PEA

Qu'est-ce qu'un Plan d'Épargne en Actions (PEA) ?

Il s'agit d'une enveloppe fiscale qui permet d'investir sur les actions françaises et européennes, avec des avantages si on conserve son plan pendant cinq ans. L'épargne reste disponible mais serait imposée fortement si on cassait le plan avant. Le produit est à risque, son capital n'est pas garanti.

Comment ça marche ?

Le plan permet d'investir sur des actions émises par des sociétés ayant leur siège dans l'Union européenne, en Islande ou en Norvège, et sur des fonds d'investissement (OPCVM) investis à 75 % au moins dans de tels titres. Les versements dans ce plan ne peuvent dépasser 150 000 €. Le PEA fonctionne avec un compte titres pour acheter les titres, et un compte espèces pour alimenter le plan et recueillir les gains et les dividendes. Depuis 2014, on peut également ouvrir un PEA PME, un PEA à investir dans des PME et ETI cotées ou non cotées, avec un plafond supplémentaire de 75 000 € par personne.

Quelle est la fiscalité ?

Le gain (dividende et plus-value) n'est imposable qu'à la sortie du plan. Tout retrait avant huit ans entraîne la clôture du plan et, avant deux ans, une imposition des gains au taux de 38 %, 34,5 % entre deux et cinq ans. Au bout de cinq ans, le gain est exonéré d'impôt, mais pas des prélèvements sociaux de 15,5 %. Au bout de huit ans, il est possible de faire un retrait total ou partiel. Seule la partie gain du retrait est soumise aux prélèvements sociaux.

Si le plan est en perte lors de sa clôture, il est possible d'imputer la moins-value réalisée sur son PEA sur ses autres gains boursiers. À une condition : vendre tous ses titres…

À noter : le PEA existe aussi en version assurance, formule bénéficiant d'un avantage fiscal supplémentaire sur le terrain de l'impôt de solidarité sur la fortune (ISF).

PEA : banques ou pas banques ?

Là encore, tout est question de commissions et de performances.

De façon générale, si vous intervenez sur la Bourse en direct de façon relativement active, dans le cadre d'un PEA ou pas, les commissions bancaires, sauf pour les très gros intervenants qui peuvent négocier des conditions privilégiées, sont dissuasives.

VERDICT • Pour toutes les opérations de Bourse, évitez les banques. Privilégiez les courtiers en ligne (Bourse Direct, Binck Bank), dont certains, comme Boursorama ou Fortuneo, sont aussi devenus des banques.

5/

Les banques et les fonds de placement

Qu'est-ce qu'un fonds de placement ?

Il s'agit d'un titre de placement collectif qui permet au souscripteur d'investir sur une famille de produits financiers définis (actions, obligations, mixtes), tout en étant déchargé de la gestion quotidienne, confiée à une société de gestion.

Comment ça marche ?

Il s'agit d'une entité qui va investir, sur des produits de placement (actions, obligations, taux, etc.), le capital qu'elle a obtenu en émettant des titres auprès des épargnants. Le fonds appartient ainsi aux épargnants, appelés les « porteurs de parts », qui pourront jouir des rendements et des performances offerts par l'actif du fonds. La gestion du fonds est confiée au gérant (ou à la société de gestion). Celui-ci établit un prospectus complet, approuvé par l'Autorité des marché financiers (AMF), donnant une information sur la gestion, la mise en œuvre et les modalités du fonctionnement de l'OPCVM. Il donne aussi une information sur le niveau de risque et l'objectif de performance du produit. Comme une action, l'épargnant peut choisir de détenir ses titres dans une enveloppe (compte titres, assurance-vie, PEA) s'ils sont éligibles.

Quelle est la fiscalité ?

Le gain sur un OPCVM peut être soit un dividende, soit un coupon, soit une plus-value (à la revente). Les dividendes bénéficient d'un abattement de 40 %. Votre gain ainsi calculé est taxable à votre taux marginal d'imposition. Un prélèvement forfaitaire non libératoire est pratiqué au taux de 21 % par l'établissement gestionnaire au moment de l'encaissement (sans compter les 15,5 % de prélèvements sociaux). Il vient ensuite minorer l'impôt dû.

Les intérêts d'obligations, emprunts d'entreprises ou d'État, sont taxés au barème progressif de l'impôt. Ils supportent aussi un prélèvement forfaitaire non libératoire au taux de 24 %, plus les prélèvements sociaux.

Les plus-values sont également soumises au barème progressif de l'impôt, plus 15,5 % de prélèvements sociaux. Quant aux moins-values, elles s'imputent sur des gains de même nature. Elles peuvent même être reportées pendant dix ans.

À noter : placés dans un contrat d'assurance-vie ou un PEA, les OPCVM sont alors soumis à l'imposition de ces enveloppes. Ils ne sont donc imposés que lors des rachats et à des taux attractifs en cas de détention longue.

Les fonds : banques ou pas banques ?

Vous pouvez investir dans un placement collectif (OPCVM, FCP, SICAV) pour bénéficier d'une gestion « professionnelle ».

Dans ce domaine, la banque peut jouer deux rôles distincts et trop souvent liés :

– Elle peut gérer un fonds. Certains gérants affichent d'ailleurs de belles performances, même si ce sont souvent des sociétés de gestion indépendantes comme Carmignac, DNCA, La Financière de l'Échiquier, Moneta, Arbevel, La Française AM, etc., qui se sont distinguées dans les dernières années.

– Elle peut distribuer des fonds. Ceux qu'elle gère ou ceux d'autres établissements dans le cadre d'une architecture dite « ouverte ».

Une fois de plus, les frais sont un véritable problème.

Si vous investissez dans un fonds, un Organisme de Placement Collectif (OPC), vous devez régler des frais d'entrée, parfois des frais de sortie, et même des frais de gestion. Selon l'AMF, les totaux des frais sur encours (TFE) des fonds investis en actions tournent en moyenne autour de 2 %. Mais certains établissements n'hésitent pas à charger beaucoup plus.

De façon générale, les frais d'entrée sur les OPC distribués par les banques sont élevés. Vous aurez les mêmes fonds de placement, parfois de la banque elle-même, sans frais d'entrée chez un courtier en ligne ou une banque en ligne.

VERDICT • Vous pouvez intégrer des fonds gérés par des banques ou des indépendants si leurs performances sont bonnes et s'ils correspondent à votre profil de risque mais mieux vaut ne pas les intégrer par le biais d'une banque classique.

6/ Les banques et les actions

La France n'est pas un pays qui aime la Bourse. Et pourtant… Sur le long terme, certes parfois le très long terme, l'achat d'actions peut se révéler être un bon investissement.

Laissons, sur le sujet du choix de l'intermédiaire pour une intervention en Bourse, l'AMF s'exprimer. Elle consacre une partie de la lettre de l'Observatoire des placements de mai 2014 à la tarification des investissements financiers et fait le point sur les frais des investissements directs en actions.

Pour ce faire, elle compare :

– les frais moyens d'achat et de vente d'actions sur Internet auprès de grands réseaux bancaires ;

– les frais moyens d'achat et de vente d'actions des courtiers ou banques en ligne ;

– les droits de garde ;
– les frais sur les fonds de placement.

Frais moyens d'achat et de vente d'actions sur Internet, auprès des grands réseaux bancaires au 01/01/2014

		MOYENNE DE FRAIS	
Ordre Internet sur Euronext Paris	Ordre de 5 000 €	26,50 €	0,53 %
	Ordre de 10 000 €	50,00 €	0,50 %
Ordre Internet sur la Bourse de New York (NYSE) de 5 000 €		51,80 €	1,04 %

Source : AMF. Calculs effectués sur la base des tarifs de 9 enseignes bancaires (BNP Paribas, Banques Populaires (5 banques régionales), Caisse d'Épargne (5 caisse régionales), CIC, Crédit Agricole (5 caisses régionales), Crédit Mutuel (3 fédérations), LCL, La Banque Postale, Société Générale). Les moyennes ne sont pondérées par aucun critère.

Frais moyens d'achat et de vente d'actions des courtiers en ligne au 01/01/2014

		MOYENNE DE FRAIS	
Ordre Internet sur Euronext Paris	Ordre de 5 000 €	10,40 €	0,21 %
	Ordre de 10 000 €	17,10 €	0,17 %
Ordre Internet sur la Bourse de New York (NYSE) de 5 000 €		19,00 €	0,38 %
Ordre Internet sur la Bourse de Francfort de 5 000 €		24,20 €	0,48 %

Source : AMF. Calculs effectués sur la base de huit enseignes de type « courtier en ligne » (Binckbanck Bforbank, Boursorama Banque, Bourse Direct, Cortal Consors, Fortuneo, ING Direct, Saxo Bank). Les moyennes ne sont pondérées par aucun critère.

Montants moyens des droits de garde prévus par les grandes banques de réseau pour des portefeuilles composés d'actions françaises cotées sur Euronext Paris

		MOYENNE DE FRAIS	
Portefeuille de 10 000 €	5 lignes	55,10 €	0,55 %
	10 lignes	77,80 €	0,78 %
Portefeuille de 60 000 €	5 lignes	151,50 €	0,25 %
	10 lignes	174,30 €	0,29 %

Source : AMF. Calculs effectués sur la base des tarifs de 9 enseignes bancaires (BNP Paribas, Banques Populaires (5 banques régionales), Caisse d'Épargne (5 caisses régionales), CIC, Crédit Agricole (5 caisses régionales), Crédit Mutuel (3 fédérations), LCL, La Banque Postale, Société Générale). Les moyennes ne sont pondérées par aucun critère.

Frais courants (FC) pour une sélection de catégories d'OPC en 2012

Catégories Europerformance	Nombre d'OPC	Moyenne de FC (%)
Actions Amérique	168	1,64
Actions Asie/Pacifique	182	1,75
Actions Europe	1 224	1,85
Actions internationales	272	2,02
Actions thèmes et secteurs	315	1,51
Diversifiés zone euro	175	1,56
Diversifiés Europe	58	1,76
Diversifiés internationaux	495	2,10
Fonds à horizon	70	1,53
Multistratégies	72	2,95
Obligations convertibles euro	68	1,31

Obligations convertibles Europe	65	1,26
Obligations convertibles internationales	36	1,44
Obligations en euros	721	0,68
Obligations haut rendement	71	1,10
Obligations internationales	112	1,03
Obligations pays émergents	39	1,07
OPC garantie partielle	60	1,34
OPC garantie totale	265	1,14
Performance Absolue – arbitrage	104	1,28
Performance Absolue – autres stratégies	44	1,81
Performance Absolue – multistratégies	165	1,45
Performance Absolue – stratégies directionnelles	374	2,29
Trésorerie en euros	482	0,36

Source : Europerformance, a SIX Company, fonds français ouverts à la commercialisation, mars 2014

Conclusion de l'AMF :

1. Internet constitue le canal le moins onéreux pour passer des ordres d'achat ou de vente d'actions et les frais des ordres passés auprès des spécialistes de l'épargne en ligne sont deux fois moins élevés que ceux des banques de réseau.

2. Si on inclut les frais de garde, généralement gratuits avec les courtiers ou les banques en ligne (parfois à partir d'un seuil), le montant moyen des frais de Bourse pour un investisseur relativement actif (quatre ordres de 5 000 €

et dix lignes pour 60 000 € au total) représente 0,47 % du portefeuille dans une banque de réseau, contre moins de 0,1 % auprès d'un spécialiste de l'investissement sur Internet.

Je cite : « Les frais des placements financiers ont un impact non négligeable sur le rendement des placements. » Comme c'est joliment dit…

VERDICT • Évitez la banque traditionnelle

MON CONSEIL : utilisez l'excellent calculateur de l'AMF. Il vous précisera le rendement d'un placement net de frais, la somme réellement acquise et le montant global des frais prélevés.

Calculer le vrai rendement d'un placement

Versements

Montant brut du versement initial		euros
Montant brut des versements mensuels		euros

Performance

Durée du placement		ans
Taux de rendement brut		%

Frais

Au départ en euros		euros
En % sur le versement initial		%
En % sur les versements mensuels		%
Frais en % annuels totaux		%
Annuels en euros		euros
En % à la sortie		%
Autres frais à la sortie		euros

CALCULER

CONCLUSION • En matière de placements, Internet est imbattable. Le verdict est, une fois de plus, sans appel : les banques classiques ne sont pas les bons canaux de distribution. On peut s'en passer pour une grande partie de ses placements.
L'étude menée en 2014 par choisir-ma-banque.com et *Capital* est brutale : quel que soit le profil de la clientèle, cadre supérieur, retraité, cadre, employé, commerçant ou chef d'entreprise, les performances dans les banques classiques chutent et les frais augmentent. La rentabilité des comptes recule en un an de 15 % pour un retraité à 50 % pour un chef d'entreprise.
En cause, bien sûr, la baisse des taux du livret ou des contrats d'assurance-vie et la hausse de la fiscalité. Tout n'est pas la faute des banquiers mais, à l'heure où les rendements sont si bas et la fiscalité si lourde, chaque pourcentage de frais économisé est vital.

QUATRIÈME PARTIE

Les crédits

Un des métiers traditionnels de la banque classique est d'accorder des crédits. À tous les agents économiques, c'est-à-dire aux entreprises comme aux particuliers. Voilà pour la théorie.

La réalité est un peu différente, surtout depuis la crise.

Les banques ont continué de prêter aux grosses, très grosses entreprises.

En revanche, à quelques exceptions près, elles ont brutalement cessé de prêter aux TPE et PME : certes, la situation de ces entreprises a été fragilisée par la crise mais c'est justement là qu'elles avaient besoin des banques. La situation s'est un peu améliorée depuis quelques mois, sous la pression du gouvernement, et il faut saluer ici (pour une fois) l'effort des banques régionales, ou des antennes régionales, qui ont tenté d'aider des PME locales à traverser la crise.

Les banques ont continué de prêter aux particuliers. Tout du moins à ceux qui étaient solvables. Mais, avec la crise, être solvable relève du miracle.

Il faut avoir un patrimoine supérieur à la moyenne nationale ou avoir un CDI et une capacité d'épargne très large pour rembourser un crédit : avec l'explosion du chômage, l'explosion de la proportion des CDD et des emplois précaires et l'effondrement du pouvoir d'achat, des centaines de milliers de personnes sont devenues des exclus bancaires. Pas des interdits bancaires mais des interdits de crédit bancaire.

L'idéal pour une banque est que vous soyez fonctionnaire. Les fonctionnaires sont surreprésentés parmi les emprunteurs. Pour les banques françaises, la stabilité compte davantage que le niveau des revenus.

Pour ceux qui ont la capacité d'emprunter, le pouvoir a basculé en leur faveur : les banques les sollicitent de plus en plus. Si vous êtes dans ce cas, il va falloir mettre les banques à votre service.

1/ Le crédit immobilier

La France est un des rares pays ayant vu les prix de l'immobilier exploser même en période de crise.

Depuis quelques mois, les prix marquent une pause mais on ne peut pas encore parler de krach immobilier. Si les prix baissent fortement dans les zones rurales et dans les petites villes de province, ils restent très élevés dans les grandes villes de province et proches de leurs records à Paris et en région parisienne.

De fait, et cela fait la une de l'actualité, de plus en plus de Français n'ont plus les moyens d'accéder à la propriété et, cette fois-ci, ce n'est pas la faute des banques. Même si les banques acceptent de leur prêter de l'argent, ils ne disposent pas du montant nécessaire pour payer l'apport, dont la part reste élevée.

Ceux qui ont les moyens d'acheter, parce qu'ils sont déjà propriétaires ou parce qu'ils sont aidés par leur famille, ont toutes les cartes en mains. Les banques les courtisent activement et sont prêtes à leur accorder des taux extrêmement compétitifs.

COMMENT FAIRE ? • Si vous faites partie des heureux élus, la donne doit changer : vous devez passer par un courtier. Pas avec une banque en direct. Quitte à revenir ensuite négocier avec votre banque une fois que vous aurez reçu une meilleure offre de la concurrence.

Le courtier est un intermédiaire entre le client et les banques. Il a pour mission de rechercher auprès des établissements de crédit les meilleures conditions de marché.

Vous y faites d'ailleurs de plus en plus appel : en 2013, plus de 25 % des crédits ont été distribués par des courtiers, contre 15 % en 2006, soit près de 35 milliards sur les 140 milliards d'euros de crédits immobiliers financés par les banques.

On trouve deux catégories principales de courtiers :

– les courtiers offline, courtiers classiques qui ont pignon sur rue, comme la CAFPI et ses 170 agences en France ;

– les courtiers online, comme Empruntis, ou à modèle mixte comme meilleurtaux.com, qui a un site bien fait et plus de 200 agences en France

2/

L'assurance emprunteur

L'assurance emprunteur (obligatoire pour l'achat d'un bien immobilier) fonctionne bien, et les acheteurs ne souhaitent pas qu'on y touche : tel est le message de la Fédération bancaire française, qui s'appuie sur un sondage réalisé par l'Observatoire des crédits aux ménages.

Il s'agit aujourd'hui pour les banques de contrer la réforme décidée par le gouvernement dans le cadre de la loi Hamon sur la consommation, entrée en vigueur le 26 juillet 2014 : les acheteurs d'un bien immobilier peuvent remettre en cause et renégocier l'assurance emprunteur fournie par leur banquier, pendant une durée d'un an après la conclusion du prêt.

L'enjeu est de taille pour la profession bancaire. Sur une assurance emprunteur au coût annuel de 500 €, la banque réalise une marge de 250 €. Un taux de 50 % qui assure globalement aux banques 3 milliards d'euros de cash chaque année.

Le sondage indique que près de 80 % des acquéreurs, actuels ou futurs, d'appartements ou maisons connaissent l'existence de cette assurance. Il indique également que parmi les personnes ayant souscrit un emprunt depuis septembre 2010, depuis que la loi Lagarde donne la possibilité de choisir son assureur, 62,7 % ont opté pour l'assurance proposée par la banque, « sans chercher d'autres solutions », tandis que 16,2 % ont cherché ailleurs mais ont finalement choisi l'organisme suggéré par le banquier, et que 21,1 % ont préféré un assureur alternatif, non proposé par l'établissement bancaire.

Concernant la réforme en cours, 84,5 % des sondés s'y montrent peu favorables, estimant qu'elle « va rendre plus difficile l'accession à la propriété ». Mais la question posée tend à induire la réponse. Elle est formulée ainsi : « Aujourd'hui, les contrats se fondent sur le partage et la mutualisation des risques entre les différents profils des emprunteurs. La décision de rendre possible le changement d'assurance emprunteur pendant le remboursement du prêt entraînera une modification du marché de l'assurance actuel. »

Réagissez ! Il est possible de trouver des prix d'assurance très avantageux. Selon Isabelle Tourniaire, du cabinet conseil BAO, spécialisé sur ce sujet, « les tarifs proposés par les assureurs alternatifs (non liés à la profession bancaire) peuvent être jusqu'à trois fois moins élevés que ceux des banques, pour des clients jeunes ». À mesure que l'on s'élève dans l'âge de l'emprunteur, les prix convergent, tout en restant souvent intéressants. La

MAIF associée à la MGEN peaufine d'ailleurs des offres aux tarifs très attractifs.

Pour une majorité de clients, l'intérêt serait donc de choisir une autre offre que celle proposée par le banquier. Pourquoi ne le font-ils pas ? « Le fait est assez connu, des enquêtes ont eu lieu, réalisées par des organismes de défense des consommateurs, avec l'aide de visites mystères : les banquiers savent se montrer convaincants. » Autrement dit, les pressions sont fortes sur les clients pour faire le choix de l'assureur « maison ».

Conclusion

Ne cédez pas à la pression, **ne prenez pas votre assurance emprunteur dans la banque qui gère votre crédit immobilier** si elle ne s'aligne pas sur les tarifs que vous pouvez trouver ailleurs.

3/

Le crédit à la consommation

Le crédit immobilier, de loin le crédit le plus important pour les particuliers, ne fait qu'augmenter, passant de moins de 70 % de l'endettement des ménages à plus de 80 % en 2014. Mais les autres crédits, comme le crédit à la consommation, attisent les convoitises.

Essentiel à la vie économique. il permet de financer un achat ou, de plus en plus souvent, une « réserve » destinée à des achats.

Ces crédits se développent de plus en plus pour un nouveau genre de dépenses : permis, études supérieures, petits travaux, véhicule autre que la voiture…

La concurrence dans ce domaine est extrêmement forte, et c'est une bonne nouvelle pour vous. Les banques doivent en effet faire face à des sociétés de financement établies et puissantes, dont la plupart ont d'ailleurs été rachetées par… les banques elles-mêmes.

Parmi les principaux organismes spécialisés : Cetelem (devenue BNP Paribas Personal Finance, filiale de BNP à 100 %), Sofinco (devenue Crédit Agricole Consumer Finance après sa fusion en 2010 avec Finaref), Cofinoga (filiale à 100 % de Laser, détenue à parité par le groupe Galeries Lafayette et BNP Paribas Personal Finance), Financo (filiale de Crédit Mutuel Arkea) et Cofidis (filiale du Crédit Mutuel) ou encore la banque Casino.

COMMENT FAIRE ? • Comparez. Encore et toujours. Allez au plus offrant. Cherchez le meilleur taux. Avec des frais de dossier nuls. Dans ce domaine, la concurrence a vraiment joué en votre faveur.

CINQUIÈME PARTIE

Les autres banques

1/

Grande distribution, automobile et banque

Le métier de banquier a attiré par le passé des leaders de secteurs comme la distribution.

Avec un raisonnement simple : nous avons des clients. Ils font des achats chez nous. Ils ont besoin de solutions de crédit. Devenons banquiers pour leur offrir ces facilités. La plupart des acteurs de la grande distribution ont une filiale bancaire depuis longtemps. Carrefour avait ouvert le feu en 1980, Auchan en 1983 avec la banque Accord. Casino a suivi avec la banque Casino, Leclerc avec la banque Edel. Malgré la volonté de diversification de leurs activités, ces banques reposent essentiellement sur les crédits à la consommation, 65 % environ de leur produit net bancaire. Avec une stagnation de la consommation et un encadrement du crédit plus strict depuis la loi Lagarde en 2010, cette activité ne croît plus. La crise a également augmenté le taux de non-remboursement dans le portefeuille de crédits aux clients.

Les banques des grandes enseignes n'ont pas cherché à révolutionner le système. Peu d'entre elles proposent des produits de placement. Elles n'ont pas non plus profité de la crise bancaire de 2008 pour entrer dans le capital de certaines banques en difficulté, et ainsi développer leurs activités. Dommage pour elles. La banque est devenue un métier de distribution comme un autre, et qui peut mieux distribuer des produits qu'un groupe de distribution ?

Plus récemment, ce sont les constructeurs automobiles qui se sont fait remarquer avec des campagnes de communication visibles sur les livrets d'épargne. Ils étaient déjà actifs sur le financement d'acquisition d'automobiles. Ces livrets sont ouverts à tous, pas seulement aux acheteurs de véhicules. Le but pour ces groupes est double : une diversification, limitée, mais également la recherche de financement en période difficile. La banque PSA Finance et la banque RCI Renault ont proposé des taux attractifs pour séduire les épargnants. Le livret d'épargne Zesto de Renault a connu un vrai succès, de même que Peugeot avec son livret Distingo.

Conclusion

Pas de quoi empêcher les banquiers traditionnels de dormir. **C'est intéressant si vous êtes client régulier**

de l'enseigne : vous bénéficiez de conditions de paiement attractives, de programmes de fidélité et, parfois, de taux d'intérêt sur des livrets très favorables.

2/

Les compagnies d'assurances et les banques

Les relations entre les banques et les compagnies d'assurances sont assez complexes. On ne sait souvent plus qui fait quoi. Les banques vendent des contrats d'assurance, les compagnies d'assurances ouvrent des banques en ligne. Et pour compliquer le tout, certaines compagnies d'assurances sont les filiales de banques et vice versa. On a même dû inventer un néologisme pour décrire cette relation de *love and hate* : la bancassurance.

Filiales, partenaires, concurrentes ? Qu'est-ce que ça change pour vous ?

Quand vous souscrivez à un contrat d'assurance-vie à la BNP, vous signez en réalité avec Cardif, sa filiale. Et c'est pareil avec toutes les banques. Les compagnies d'assurances, lassées de voir les banques empiéter sur leur domaine, ont donc lancé leurs propres banques. Souvent en ligne.

Par exemple, Axa achète en 2002 la Banque Directe, première banque à distance pour les particuliers, au groupe Paribas. En 2003, Banque Directe fusionne avec Axa Banque pour devenir Axa Banque, qui se positionne comme une « banque directe de proximité », selon le modèle *click and mortar*, une banque en ligne avec un réseau d'agents généraux. En 2013, Axa Banque lance même une application innovante sur mobile, Soon, un ensemble de services d'aide à la gestion de budget, à partie d'une carte et d'un compte courant. Soon lance à son tour Reste à dépenser, qui vous permet de savoir où vous en êtes à tout moment avec les dépenses passées mais également les dépenses à venir. Précieux en temps de crise… Axa Banque revendique près de 200 000 comptes.

Autre exemple, le Crédit Agricole, qui, dans son dernier rapport annuel, se présente comme le 1er bancassureur en Europe et le 3e assureur en France pour le montant des primes émises. Prédica, sa filiale d'assurance-vie, est le 2e assureur de personnes en France ; Pacifica, sa filiale d'assurance dommages, est le 7e assureur de biens et de responsabilités en France ; et le groupe Crédit Agricole Assurances est le 1er bancassureur en assurance des emprunteurs en France… Alors, banque ou compagnie d'assurances ?

Conclusion

Ce mélange de genres pose-t-il un problème ?

Non, pas vraiment. On sait déjà que les banques ont tendance à pousser les produits maison qui ne sont souvent pas les plus performants, loin de là. **Il faut vous renseigner sur les liens entre les compagnies d'assurances et la banque** qui vous propose ses produits. C'est mieux. Parfois, ces liens sont plutôt rassurants. Surtout sur Internet. Que le contrat d'assurance-vie distribué par Fortuneo soit celui d'une compagnie d'assurances filiale et garantie par le Crédit Mutuel Arkea est plus rassurant que s'il venait d'une start-up.

Alors, pas de problème, mais vigilance. Encore et toujours...

3/
La No Bank

C'était le nom initial que devait portait ce qui s'appelle aujourd'hui le **compte Nickel**.

Lancé au début de l'année 2014, le compte Nickel se veut une alternative à la banque traditionnelle. Il se présente d'ailleurs sur son site Internet comme « le premier compte sans banque, […] sans condition de revenus et sans frais d'incident ».

Il s'appuie sur un réseau de distribution puissant : les buralistes. On en compte plus de 10 000, avec une forte présence dans les petites communes, de plus en plus délaissées par les grandes banques. Pour l'instant, quelques dizaines ont été agréées par l'Autorité de contrôle prudentiel.

Un client peut ouvrir un compte Nickel en quelques minutes (cinq, selon le site) dans un bureau de tabac en achetant un Coffret Nickel : il suffit d'une pièce d'identité, d'un numéro de portable et d'une adresse. Il reçoit un RIB et une carte MasterCard internationale de retrait et de paiement.

Le compte Nickel est exclusivement orienté vers les moyens de paiement simples et intéresse en priorité les deux millions d'interdits bancaires. Pas de crédit, pas de découvert possible, pas de chéquier, pas de placement, il s'agit de déposer 750 € par mois et par personne, de retirer de l'argent et d'effectuer des virements et des prélèvements. Toutes les informations sont disponibles en temps réel sur Internet ou sur votre mobile avec un système d'alertes efficace.

Le compte Nickel cherche également à attirer une clientèle qui souhaite compartimenter ses achats, ses finances, et peut-être un peu sa vie. Sur le site, on peut lire que le compte Nickel peut être dédié à rester discret… « L'utilisation que vous en ferez n'est connue et vue que de vous. » Le compte Nickel pourrait donc être un moyen de faire diminuer le nombre de divorces et de séparations…

Conclusion

Le compte Nickel est une évolution. Pas une révolution. Il s'adresse à une clientèle ciblée. En matière bancaire, toutes les évolutions sont bonnes à prendre. Et tout ce qui peut aider les personnes rejetées par le système classique ne peut qu'être le bienvenu.

4/
La Banque Postale

Vous pourriez être surpris de trouver la Banque Postale parmi les autres banques et non au chapitre des banques classiques. C'est une banque différente des autres.

Pour être tout à fait honnête, j'ai un attachement sentimental à la Poste car mon père a été trieur de nuit aux PTT il y a bien longtemps ; cela fausse peut-être mon jugement.

La Banque Postale se dit « banque et citoyenne », et elle l'est.

Filiale à 100 % du groupe La Poste, elle est devenue la locomotive du groupe (comme le soulignent *Les Échos* du 24 mai 2014 dans l'article « La Banque Postale au cœur du dispositif ») : « Au fil du processus de transformation, les cadres dirigeants de la Banque Postale ont vu leur champ d'intervention s'élargir dans le groupe public. »

Dans son plan stratégique, la Poste vise en 2020 1 milliard d'euros de bénéfice net pour ses activités bancaires contre moins de 600 millions en 2013… Un vrai challenge.

La Banque Postale fournit évidemment les services habituels, tout en restant très proche des individus en situation financière fragile alors qu'ils sont souvent rejetés ailleurs faute de rentabilité.

Banque d'un tiers des associations, banque conseillée pour les 18-25 ans, la Banque Postale est également présente partout en France avec 17 000 points de contact, dont plus de 10 000 bureaux de poste.

Conclusion

La Banque Postale a fait un travail remarquable ces dernières années, notamment dans le domaine de l'Internet. Sa transformation est en cours, même si elle n'est pas encore suffisamment adaptée à une clientèle un peu exigeante, notamment en matière de placements ou de services de gestion de patrimoine.

C'est néanmoins une banque qui n'est pas vraiment comme les autres, une banque qui rend aussi un service public, c'est appréciable.

5/
Les banques mutualistes

Une banque mutualiste est différente. Elle doit l'être, en théorie. Principalement parce qu'elle n'a pas d'autres actionnaires que ses propres clients des sociétaires.

Les quatre grands réseaux mutualistes français sont le Crédit Agricole, le Crédit Mutuel, et les Banques Populaires et la Caisse d'Épargne, regroupées en 2009 au sein de la BPCE.

Elles ont été créées au cours du XIXe siècle avec pour vocation de financer l'activité de catégories professionnelles qui n'avaient pas accès au crédit, les agriculteurs pour le Crédit Agricole ou le Crédit Mutuel, les artisans et les petits commerçants pour la Banque Populaire.

Comme le notent Olivier Pastré et Krassimira Gecheva dans leur article « La finance mutualiste à la croisée des chemins », la fin des années 80 marque un tournant. Les groupes mutualistes introduisent en Bourse des activités, se développent sur les marchés de capitaux, élargissent leur offre à des non-sociétaires, affaiblissant leur base sociétaire. Ceci se traduit par une banalisation des offres, des tarifs et des comportements commerciaux.

Banalisation, le mot est lâché. Celle-ci les a amenées à faire les mêmes erreurs que leurs concurrentes pendant la crise.

On peut noter cependant que certaines banques mutualistes tentent de négocier le virage de l'innovation, comme le Crédit Mutuel Arkea avec Fortuneo, mais également des participations capitalistes dans Linxo (voir p. 198), Prêt d'Union (voir p. 192) et même le fonds ISAI, fonds d'investisseurs entrepreneurs du web, ou BlackFin, fonds d'investissement dans les services financiers.

Conclusion

Depuis qu'elles ont élargi leur champ de compétences, les banques mutualistes se sont alignées sur les banques classiques, mais elles bénéficient d'une image de solidarité et de proximité qui correspond souvent à une réalité, principalement en régions.

SIXIÈME PARTIE

La banque d'hier et d'aujourd'hui

1/
Les banques d'hier

Les banques classiques sont les banques d'hier.

Elles doivent se réinventer, elles le savent.

Elles tentent de gagner du temps avec leurs stratégies « multicanal » : quelle innovation ! Puisque vous ne vous déplacez plus dans vos agences, elles vous permettent de faire vos opérations par Internet ou sur votre mobile. Presque de la science-fiction…

Les Caisses d'Épargne se sont même fendues d'une campagne télévisée « révolutionnaire » en juin 2014 pour promouvoir la complémentarité du réseau d'agences physiques et de l'agence web « Mon banquier en ligne » : « Choisir une banque en ligne, c'est renoncer aux conseils de quelqu'un qui vous connaît bien », dit un conseiller. « Choisir de rester dans sa banque, c'est en réalité renoncer à tous les côtés pratiques d'une banque en ligne », répond son double. Conclusion: «L'idéal, ce serait de choisir la banque qui ne vous fait renoncer à rien.» En omettant de signaler que les tarifs de l'agence en ligne sont les mêmes que ceux du réseau physique.

En réalité, les banques d'aujourd'hui sont les banques en ligne. Elles assurent la transition entre la banque d'hier et la banque de demain. Ce ne sont pas les banques de l'avenir mais les banques du présent. Elles sont aux banques classiques ce que le mobile était au fixe. C'est déjà une étape. Mais le mobile a lui aussi évolué: il y a Skype, Whatsapp et des milliers d'autres innovations. Il en sera de même dans la banque.

Vivons déjà au présent.

La banque en ligne est une évidence absolue. Pour tous ou presque. Seuls les seniors réfractaires aux mobiles et à Internet, et il y en a de moins en moins, devraient résister.

Regardez les classements suivants. Ils sont édifiants.

Les premiers ont été établis par UFC Que Choisir pour trois profils différents:

– « Jeunes, utilisation faible » ;
– « Actifs, utilisation moyenne » ;
– « Seniors, utilisation intense ».

Pour les trois profils, le verdict est sans appel: le podium est trusté par les banques en ligne.

Profil « Jeunes, utilisation faible »
Les banques les moins chères

RANG	TARIF	BANQUE	TYPE DE BANQUE
1	0 €	Boursorama Banque	Banque en ligne
1	0 €	Fortuneo	Banque en ligne
1	0 €	ING Direct	Banque en ligne
1	0 €	Tookam.com	Banque en ligne
5	12 €	Caisse d'Épargne Bourgogne Franche-Comté	Banque traditionnelle
5	12 €	Caisse d'Épargne Provence Alpes Corse	Banque traditionnelle
5	12 €	Crédit Agricole Nord-Est	Banque traditionnelle
8	12,72 €	Crédit Agricole Normandie-Seine	Banque traditionnelle
9	13 €	Crédit Agricole Corse	Banque traditionnelle
10	17,08 €	Crédit Agricole Sud Méditerranée	Banque traditionnelle
11	17,50 €	AXA Banque	Assurbanquier
11	17,50 €	Crédit Agricole Normandie	Banque traditionnelle
13	18 €	Caisse d'Épargne Midi-Pyrénées	Banque traditionnelle
13	18 €	Crédit Agricole Côtes-d'Armor	Banque traditionnelle
13	18 €	Crédit Agricole Ille-et-Vilaine	Banque traditionnelle
13	18 €	Crédit Agricole Lorraine	Banque traditionnelle
13	18 €	Crédit Agricole Morbihan	Banque traditionnelle
18	18,35 €	Caisse d'Épargne Picardie	Banque traditionnelle
19	18,57 €	Caisse d'Épargne Loire Drôme Ardèche	Banque traditionnelle
20	18,61 €	Caisse d'Épargne Normandie	Banque traditionnelle

Profil « Jeunes, utilisation faible »
Les banques les plus chères

RANG	TARIF	BANQUE	TYPE DE BANQUE
1	131 €	Banque Kolb	Banque traditionnelle
1	131 €	Banque Laydernier	Banque traditionnelle
1	131 €	Banque Nuger	Banque traditionnelle
1	131 €	Banque Rhône-Alpes	Banque traditionnelle
1	131 €	Banque Tarneaud	Banque traditionnelle
1	131 €	Crédit du Nord	Banque traditionnelle
7	130,70 €	Société Marseillaise de Crédit	Banque traditionnelle
8	122,36 €	LCL	Banque traditionnelle
9	112,80 €	Crédit Maritime Méditerranée	Banque traditionnelle
10	111,50 €	Banque Marze	Banque traditionnelle
11	108,70 €	Banque Populaire Lorraine Champagne	Banque traditionnelle
12	100 €	Barclays	Banque traditionnelle
13	99,70 €	Banque Chalus	Banque traditionnelle
14	95,90 €	Crédit Agricole Finistère	Banque traditionnelle
15	92,95 €	Banque de Savoie	Banque traditionnelle
16	89,56 €	e.LCL	Banque en ligne
17	89,48 €	Crédit Mutuel Île-de-France	Banque traditionnelle
17	89,48 €	Crédit Mutuel Midi Atlantique	Banque traditionnelle
19	89,12 €	Crédit Mutuel Centre	Banque traditionnelle
19	89,12 €	Crédit Mutuel Centre Est Europe	Banque traditionnelle

Profil « Actifs, utilisation moyenne »
Les banques les moins chères

RANG	TARIF	BANQUE	TYPE DE BANQUE
1	11,84 €	Fortuneo	Banque en ligne
2	21,96 €	Boursorama Banque	Banque en ligne
3	26 €	ING Direct	Banque en ligne
4	62,65 €	Tookam.com	Banque en ligne
5	77,93 €	Crédit Agricole Normandie-Seine	Banque traditionnelle
6	77,94 €	Monabanq	Banque en ligne
7	79,29 €	Crédit Agricole Centre Ouest	Banque traditionnelle
8	103,13 €	Crédit Mutuel Normandie	Banque traditionnelle
9	106 €	Allianz Banque	Assurbanquier
10	107,40 €	Banque Populaire Rives de Paris	Banque traditionnelle
11	108,45 €	Banque Populaire de l'Ouest	Banque traditionnelle
12	108,66 €	Banque Populaire d'Alsace	Banque traditionnelle
13	110,12 €	Crédit Agricole Nord Est	Banque traditionnelle
14	110,18 €	La Banque Postale	Banque traditionnelle
15	110,43 €	Crédit Agricole Aquitaine	Banque traditionnelle
16	110,76 €	Crédit Agricole Touraine et Poitou	Banque traditionnelle
17	112,96 €	Crédit Mutuel Méditerranée	Banque traditionnelle
18	113,38 €	Crédit Agricole Brie Picardie	Banque traditionnelle
19	113,65 €	Crédit Agricole Centre Est	Banque traditionnelle
20	114 €	AXA Banque	Assurbanquier

Profil « Actifs, utilisation moyenne »
Les banques les plus chères

RANG	TARIF	BANQUE	TYPE DE BANQUE
1	278,10 €	Banque Dupuy, de Parseval	Banque traditionnelle
1	278,10 €	Banque Marze	Banque traditionnelle
3	242,79 €	Banque de Savoie	Banque traditionnelle
4	238,73 €	Barclays	Banque traditionnelle
5	233,24 €	Société Marseillaise de Crédit	Banque traditionnelle
6	200,03 €	Banque Kolb	Banque traditionnelle
6	200,03 €	Banque Laydernier	Banque traditionnelle
6	200,03 €	Banque Nuger	Banque traditionnelle
6	200,03 €	Banque Rhône-Alpes	Banque traditionnelle
6	200,03 €	Banque Tarneaud	Banque traditionnelle
6	200,03 €	Crédit du Nord	Banque traditionnelle
12	197,78 €	Crédit Agricole Finistère	Banque traditionnelle
13	196,36 €	Crédit Mutuel Île-de-France	Banque traditionnelle
14	192,95 €	Banque Populaire Lorraine Champagne	Banque traditionnelle
15	191,03 €	Crédit Mutuel Midi Atlantique	Banque traditionnelle
16	187,70 €	Crédit Maritime Méditerranée	Banque traditionnelle
17	187,31 €	Banque Chalus	Banque traditionnelle
18	186,60 €	LCL	Banque traditionnelle
19	182,43 €	Crédit Agricole Alsace Vosges	Banque traditionnelle
20	181,90 €	Crédit Agricole des Savoie	Banque traditionnelle

Profil « Seniors, utilisation intense »
Les banques les moins chères

RANG	TARIF	BANQUE	TYPE DE BANQUE
1	43,60 €	Fortuneo	Banque en ligne
2	77,86 €	Boursorama Banque	Banque en ligne
3	100 €	ING Direct	Banque en ligne
4	169,40 €	Banque Populaire Massif Central	Banque traditionnelle
5	170,49 €	Tookam.com	Banque en ligne
6	172,09 €	Crédit Agricole Charente-Maritime Deux-Sèvres	Banque traditionnelle
7	183,99 €	Crédit Agricole Centre Ouest	Banque traditionnelle
8	187,20 €	Monabanq	Banque en ligne
9	208,71 €	HelloBank	Banque en ligne
10	219,31 €	Crédit Agricole Touraine et Poitou	Banque traditionnelle
11	222,88 €	Caisse d'Épargne Loire Drôme Ardèche	Banque traditionnelle
12	230,47 €	Crédit Agricole Morbihan	Banque traditionnelle
13	233,47 €	Groupama Banque	Assurbanquier
14	234,77 €	Crédit Agricole Normandie-Seine	Banque traditionnelle
15	255,47 €	Banque Populaire Rives de Paris	Banque traditionnelle
16	257,88 €	Caisse d'Épargne Normandie	Banque traditionnelle
17	258,68 €	Crédit Agricole Centre France	Banque traditionnelle
18	260,10 €	Caisse d'Épargne Bourgogne Franche-Comté	Banque traditionnelle
19	261,43 €	Crédit Agricole Côtes-d'Armor	Banque traditionnelle
20	262,36 €	Crédit Mutuel Sud-Ouest	Banque traditionnelle

Profil « Seniors, utilisation intense »
Les banques les plus chères

RANG	TARIF	BANQUE	TYPE DE BANQUE
1	529,40 €	Banque Dupuy, de Parseval	Banque traditionnelle
2	529,40 €	Banque Marze	Banque traditionnelle
3	462,27 €	Barclays	Banque traditionnelle
4	442,43 €	Banque de Savoie	Banque traditionnelle
5	442,41 €	Société Marseillaise de Crédit	Banque traditionnelle
6	390,30 €	Banque Populaire Lorraine Champagne	Banque traditionnelle
7	388,52 €	Crédit Mutuel Midi Atlantique	Banque traditionnelle
8	387,47 €	Banque Kolb	Banque traditionnelle
9	387,47 €	Banque Laydernier	Banque traditionnelle
10	387,47 €	Banque Nuger	Banque traditionnelle
11	387,47 €	Banque Rhônes-Alpes	Banque traditionnelle
12	387,47 €	Banque Tarneaud	Banque traditionnelle
13	386,38 €	Crédit Mutuel Île-de-France	Banque traditionnelle
14	374,53 €	Crédit Mutuel Nord Europe	Banque traditionnelle
15	370,72 €	Crédit Mutuel Bretagne	Banque traditionnelle
16	361,20 €	HSBC	Banque traditionnelle
17	360,22 €	Crédit Agricole des Savoie	Banque traditionnelle
18	360,22 €	E-Savoie	Banque en ligne
19	356,04 €	Banque Chaix	Banque traditionnelle
20	355,70 €	Caisse d'Épargne Côte d'Azur	Banque traditionnelle

Pour le magazine *Capital*, le résultat est assez similaire, sauf pour les retraités et les étudiants. Il intègre les frais bancaires, mais également les gains tirés des placements.

En voici quelques cas, parmi les plus courants.

Cas n° 1 : le cadre supérieur

BANQUE	COÛT ANNUEL DU COMPTE	GAINS TIRÉS DES PLACEMENTS	SOLDE ANNUEL
Les établissements les plus avantageux			
1. Fortuneo	110 €	2 349 €	**2 239 €**
2. Boursorama Banque	109 €	2 238 €	**2 129 €**
3. ING Direct	125 €	2 207 €	**2 082 €**
Les établissements passables			
44. Crédit du Nord	418 €	2 067 €	**1 649 €**
54. CIC	388 €	1 995 €	**1 607 €**
75. Bred	368 €	1 896 €	**1 528 €**
Les établissements à éviter			
108. Banques Populaires Loire et Lyonnais	309 €	1 680 €	**1 371 €**
109 Banque Populaire d'Alsace	327 €	1 680 €	**1 353 €**
110. Banque populaire Lorraine Champagne	427 €	1 685 €	**1 258 €**

Cas n° 2 : le retraité

BANQUE	COÛT ANNUEL DU COMPTE	GAINS TIRÉS DES PLACEMENTS	SOLDE ANNUEL
Les établissements les plus avantageux			
1. Macif	144 €	1 231 €	**1 087 €**
2. BNP Paribas	167 €	1 253 €	**1 086 €**
3. Crédit Coopératif	154 €	1 224 €	**1 070 €**
Les établissements passables			
45. Crédit Agricole Nord-Est	175 €	1 117 €	**942 €**
48. HSBC	165 €	1 104 €	**939 €**
61. Banque Populaire Val de France	164 €	1 097 €	**933 €**
Les établissements à éviter			
96. Barclays	187 €	1 031 €	**844 €**
97. Banque Populaire d'Alsace	199 €	1 022 €	**823 €**
98. Banque populaire Lorraine Champagne	212 €	1 024 €	**812 €**

Cas n° 3 : le cadre

BANQUE	COÛT ANNUEL DU COMPTE	GAINS TIRÉS DES PLACEMENTS	SOLDE ANNUEL
Les établissements les plus avantageux			
1. Fortuneo	40 €	1 342 €	**1 302 €**
2. Boursorama Banque	40 €	1 281 €	**1 241 €**
3. ING Direct	50 €	1 281 €	**1 231 €**
Les établissements passables			
34. Crédit Mutuel Bretagne	187 €	1 105 €	**918 €**
49. La Banque Postale	120 €	1 021 €	**901 €**
51. CIC	207 €	1 105 €	**898 €**
Les établissements à éviter			
108. Caisse d'Épargne Bourgogne Franche-Comté	195 €	970 €	**775 €**
109. Caisse d'Épargne Lorraine Champ.-Ardenne	213 €	970 €	**757 €**
Banque Populaire Lorraine Champagne	214 €	970 €	**756 €**

Cas n° 4 : l'employé

BANQUE	COÛT ANNUEL DU COMPTE	GAINS TIRÉS DES PLACEMENTS	SOLDE ANNUEL
Les établissements les plus avantageux			
1. Boursorama Banque	32 €	75 €	43 €
2. ING Direct	52 €	75 €	23 €
3. Fortuneo	52 €	75 €	23 €
Les établissements passables			
31. Société Générale	121 €	75 €	– 46 €
41. LCL	128 €	75 €	– 53 €
72. Caisse d'Épargne Nord France Europe	141 €	75 €	– 66 €
Les établissements à éviter			
108. Crédit Agricole Sud Rhône-Alpes	185 €	75 €	– 100 €
109. Banque Populaire du Sud	189 €	75 €	– 114 €
110. Banque Populaire Massif Central	201 €	75 €	– 126 €

Cas n° 5 : l'étudiant

BANQUE	COÛT ANNUEL DU COMPTE	GAINS TIRÉS DES PLACEMENTS	SOLDE ANNUEL
Les établissements les plus avantageux			
1. Crédit Agricole Franche-Comté	32 €	44 €	**12 €**
2. Caisse d'Épargne Bretagne Pays-de-Loire	34 €	44 €	**10 €**
3. Caisse d'Épargne Normandie	35 €	44 €	**9 €**
Les établissements passables			
39. La Banque Postale	54 €	36 €	**– 18 €**
41. BNP Paribas	63 €	44 €	**– 19 €**
74. Banque Populaire Val de France	92 €	48 €	**– 44 €**
Les établissements à éviter			
104. Crédit Mutuel Massif Central	144 €	40 €	**– 44 €**
105. Bred	149 €	44 €	**– 105 €**
106. Banque populaire Massif Central	159 €	48 €	**– 111 €**

Cas n° 6 : le chef d'entreprise

BANQUE	COÛT ANNUEL DU COMPTE	GAINS TIRÉS DES PLACEMENTS	SOLDE ANNUEL
Les établissements les plus avantageux			
1. Fortuneo	170 €	8 558 €	**8 388 €**
2. HSBC	588 €	7 908 €	**7 320 €**
3. HelloBank !	464 €	7 458 €	**6 994 €**
Les établissements passables			
36. Société Générale	608 €	5 871 €	**5 623 €**
54. CIC	650 €	5 563 €	**4 913 €**
62. Banque Populaire Val de France	578 €	5 327 €	**4 749 €**
Les établissements à éviter			
98. Caisse d'Épargne Languedoc-Roussillon	680 €	4 885 €	**4 205 €**
99. Caisse d'Épargne Lorraine Champagne-Ardenne	693 €	4 881 €	**4 188 €**
100. Caisse d'Épargne Alsace	699 €	4 885 €	**4 186 €**

CAS N° 7 : LE COMMERÇANT

BANQUE	COÛT ANNUEL DU COMPTE	GAINS TIRÉS DES PLACEMENTS	SOLDE ANNUEL
Les établissements les plus avantageux			
1. Fortuneo	32 €	1 567 €	**1 535 €**
2. Boursorama Banque	32 €	1 499 €	**1 467 €**
3. ING Direct	32 €	1 480 €	**1 448 €**
Les établissements passables			
41. HSBC	194 €	1 254 €	**1 060 €**
50. Crédit Agricole Val de France	222 €	1 265 €	**1 043 €**
51. Groupama Banque	175 €	1 217 €	**1 042 €**
Les établissements à éviter			
108. Caisse d'Épargne Languedoc-Roussillon	299 €	1 158 €	**859 €**
109. Caisse d'Épargne Alsace	299 €	1 158 €	**859 €**
110. Caisse d'Épargne Lorraine Champagne-Ardenne	295 €	1 151 €	**856 €**

Quand on regarde ces classements et qu'on compare les frais bancaires et les frais d'entrée ou de gestion des produits de placement, la conclusion devrait être évidente : **tous les Français doivent basculer sur une banque en ligne**.

Or tout le monde résiste. Même les jeunes préfèrent les banques classiques par manque de confiance dans leur capacité à gérer leurs problématiques financières.

La banque en ligne progresse, certes, de façon spectaculaire. Mais elle vient de si bas qu'elle n'atteint encore, malgré des taux de croissance impressionnants, qu'une partie limitée de la population.

Pourquoi ?

Toujours ce souci de la sécurité. La peur du piratage, l'inconnu du monde virtuel... Pourtant, même les comptes ouverts dans une agence sont finalement des comptes virtuels qui ont autant de chances d'être piratés que des comptes ouverts en ligne.

À cela s'ajoute le fait que la plupart des banques en ligne, Boursorama, ING Direct, Fortuneo, HelloBank soient des émanations des banques classiques. Leur développement se fait donc sous tutelle. Les banques classiques ne veulent pas s'autodétruire en poussant en leur sein une entité qui propose gratuitement les mêmes services. Elles utilisent leurs filiales en ligne comme des observatoires. Il s'agit d'être présent pour occuper le terrain sans vraiment se donner les moyens de réussir.

L'inquiétude grandissant, elles ont décidé de passer à la vitesse supérieure. La banque en ligne ou mobile est incontournable. Elles préfèrent donc l'intégrer. La Société Générale a lancé en 2014 une OPA sur Boursorama pour en devenir l'actionnaire unique. Fortuneo appartient à 100 %

ou presque au Crédit Mutuel Arkea. HelloBank a démarré comme une filiale à 100 % de la BNP et a vocation à le rester.

Pour réussir, une banque en ligne doit être capable de transmettre un message simple : « Vous vous faites avoir depuis des années par votre banque, il est temps que ça cesse. » Mais ce message n'est guère acceptable quand on fait partie d'un groupe bancaire.

Le dernier point faible est que certaines banques en ligne viennent de la Bourse en ligne, comme Boursorama ou Fortuneo, par exemple. Même si ce sont de vraies banques aujourd'hui, elles ont du mal à se détacher de leur passé boursier et on sait à quel point les Français n'aiment pas la Bourse.

Conclusion

Nous devrions déjà tous avoir un compte dans une banque en ligne. Oui, tous, sans exception. Un deuxième compte. Qui deviendra avec le temps, à votre rythme, votre premier compte et peut-être même votre seul compte.

Pas la peine de vous brutaliser : vous ne basculerez pas totalement et directement de votre banque classique à une banque en ligne.

Alors prenez votre temps.

Testez la banque en ligne.

Quand vous en aurez assez de payer 400 € par an dans une banque ce qui ne vous coûterait rien dans la banque en ligne, vous basculerez naturellement.

Ce n'est pas une révolution, c'est une évidence. Mais ce ne sera qu'une étape.

2/
Quelle banque en ligne choisir ?

• Si vous êtes un peu craintif

Vous ne voulez pas changer de banque ? Alors, faisons simple : ouvrez votre deuxième compte dans la filiale de votre banque classique. Même groupe. Même sécurité. Mêmes garanties.

Vous êtes à la BNP ? Ouvrez chez HelloBank.

Vous êtes à la Société Générale ou chez LCL ? Ouvrez chez Boursorama.

Vous êtes au Crédit Mutuel ? Ouvrez chez Fortuneo ou Monabanq.

Vous êtes au Crédit Agricole ? Ouvrez chez BforBank, même si leur pub est nulle et semble s'adresser à quelques privilégiés possédant un voilier et un château, tout le contraire de l'esprit de la banque en ligne, une banque *low cost* mais complète.

• Si vous êtes ouvert au changement

Comparez les offres des banques en ligne et faites votre choix en fonction de votre profil.

L'exercice est assez simple car les banques en ligne ne sont pas nombreuses. Il y a davantage de sites de comparaison des banques en ligne que de banques en ligne.

Quand on regarde ces sites de comparaison, on retrouve toujours les mêmes noms : ING Direct, Boursorama, Fortuneo, HelloBank, Monabanq, etc.

Ces classements sont basés sur des critères comme les tarifs des services bancaires de base, les frais sur assurance-vie, les taux des super-livrets et les produits de placement proposés, la « relation » (contact, horaires, ergonomie), les montants initiaux minimum, les promotions et autres.

Selon les critères choisis, les classements varient, et on a souvent l'impression que rien ne ressemble plus à une banque en ligne qu'une autre banque en ligne.

Le site www.banques-en-ligne.fr donne le classement suivant :

1. ING Direct
2. Boursorama
3. Fortuneo
4. Monabanq

Ces quatre banques en ligne sont les pionnières du secteur.

ING Direct revendique 900 000 clients. Elle a introduit les super-livrets en France, ces livrets aux rémunérations boostées pendant une période de temps limitée à 3 ou 6 mois. Son livret d'épargne Orange lui a permis de devenir le numéro 1 de la banque en ligne ; il reste un des facteurs d'attrait des clients, mais ING Direct cherche aujourd'hui à offrir la gamme de produits la plus large possible, toujours en *low cost*.

Boursorama vient, comme son nom l'indique, de la Bourse en ligne (Selftrade), des marchés financiers (Fimatex) et de l'information financière. Elle est progressivement passée du statut de portail de news financières à celui de courtier en ligne, puis à celui de banque. Boursorama revendique près de 600 000 clients. Et, aujourd'hui, seulement 25 % de ses clients sont des clients boursiers. Elle est, depuis son OPA, totalement intégrée au sein du groupe Société Générale. Boursorama reste une banque en ligne à recommander si vous vous intéressez à la Bourse, si vous voulez une banque complète *low cost* ou si vous aimez la Société Générale.

Fortuneo est également née de la Bourse en ligne et cette activité reste un de ces atouts majeurs. Avec environ 300 000 clients, elle s'est distinguée par son contrat d'assurance-vie qui caracole depuis deux ans dans le peloton de tête avec plus de 4 % de rendement. Si vous avez une fibre mutualiste (elle fait partie du groupe Crédit Mutuel Arkea) et si vous pouvez dire « J'aime ma banque », foncez.

Monabanq revendique aussi 300 000 clients. Filiale du Crédit Mutuel CIC, elle a innové en proposant un forfait mensuel pour les frais bancaires, sur le modèle des opérateurs télécom. Elle s'est faite relativement discrète par rapport à ses concurrents en matière de communication, mais semble décidée à reprendre l'offensive.

Table

	Boursorama	HelloBank	Fortuneo
Conditions d'éligibilité spécifiques	Revenu net mensuel minimum : 1 200 € pour une **CB VISA** **CB VISA PREMIER** 3 600 € si 2 titulaires OU Encours sur **Livret Boursorama** Banque minimum : 5 000 € pour une **CB VISA** 7 500 € si 2 titulaires 10 000 € pour une **CB VISA PREMIER** (15 000 € si 2 titulaires).	Revenu net mensuel minimum de 1 400 € ou dépôt de 5 000 € pour un compte individuel et revenu net mensuel minimum de 2 200 € ou dépôt de 5 000 € pour un compte collectif.	**Compte individuel MasterCard :** 1 500 € de revenu net mensuel ou 5 000 € d'épargne **Carte Gold :** 2 300 € de revenu net mensuel ou 15 000 € d'épargne **Carte World Elite** 4 000 € de revenu net mensuel ou 50 000 € d'épargne
Montant minimum du premier versement	300 €	300 €	500 €
Cartes bancaires **– Visa internationale Débit immédiat**	0	0	0
– Visa internationale Débit différé	0	0	0
– Visa Premier Débit immédiat	0	0	0
– Visa Premier Débit différé	0	0	0

NG Direct	Monabanq	La NET agence	AXA Banque	Soon
5	6,06	9,36	7,30	7,30
0	0	0	12	0
0	0	0	0	N/D
0	0	0	0	0
0	24	24	24	N/D
0 0	0 0	0 28	0 0	N/D N/D
0	7,50	8	8	0
0	0	0	0	0
0	0	0	0	0
0	0	0	0	10

CONCLUSION • Comme le montre ce tableau, les différences sont peu perceptibles entre les banques en ligne. Faites votre choix en fonction de votre profil (besoin de Bourse, de produits de placement, uniquement de moyens de paiement ?) et de l'image que vous avez de la banque. Je sais, ce n'est pas très rationnel, mais les tarifs sont tellement proches qu'il est difficile de vous orienter de façon plus directive.

SEPTIÈME PARTIE

Plus besoin de banques ?

La révolution bancaire est en marche.

Si, pour les entreprises, surtout les PME et les entreprises de taille intermédiaire, elles continueront, malgré la tendance à la désintermédiation, de jouer un rôle, pour les particuliers elles deviendront progressivement des acteurs parmi d'autres.

Et des acteurs, il va y en avoir de plus en plus.

Demain, votre banque s'appellera Google, Apple, Facebook, Amazon, Paypal… ou vous serez peut-être même *bankless*, sans banque.

Les solutions alternatives de paiement sont le cheval de Troie des nouveaux acteurs, qui veulent renverser l'ordre bancaire. Une fois le paiement « conquis », le reste suivra.

Il est important de comprendre cette évolution : elle renforcera votre position et votre pouvoir de négociation vis-à-vis de votre banque classique.

Aujourd'hui quelque part en France

Après avoir tapé dix numéros différents sur votre clavier et attendu douze minutes :

« Allô, bonjour, je souhaiterais parler à mon conseiller, monsieur Dumas.

– Quel est votre numéro de compte ?

– Mais je l'ai déjà entré sur mon clavier de téléphone !

– Désolé, mais vous devez me le redonner…

– 0824 403 7732.

– Code ?

– 1208.

– Prénom de votre mère ?

– Émilie.

– Nom de votre premier chien ?

– Je n'ai jamais eu de chien.

– J'ai besoin de la réponse à cette deuxième question personnalisée pour vous identifier.

– Mais je n'ai jamais eu de chien !

– Un chat, peut-être ?

– Non, je suis allergique aux animaux.

– Bon, tant pis, le prénom de votre père, alors…

– Jérôme.

– Ah, c'est ennuyeux ça.

– Qu'il s'appelle Jérôme ?

– Oui. Ce serait mieux pour des questions de sécurité qu'il ait un prénom avec des lettres et des chiffres…

– Vous connaissez des prénoms avec des lettres et des chiffres ?

– Bon, disons Jé12rôme08.

– Si vous voulez…

– C'est bon. Je suis connecté. Comment puis-je vous aider ?

– Comme je vous l'ai dit, je souhaiterais parler à mon conseiller, monsieur Dumas.

– Ah. De votre agence ?

– Oui !

– Compliqué. Vous avez été basculé directement au *call center*. L'agence ne prend plus d'appels en direct. Je vais voir quand il pourra vous rappeler. Dumas, Dumas, avec un D ?

– Euh… oui…

– Il a quitté la banque hier. Il avait fini sa période de six mois. Votre nouveau conseiller s'appelle monsieur Bourg. Pour les six prochains mois.

– Et je peux lui parler ?

– Non, comme il vient d'arriver, il est en formation, et ensuite en congés… Puis-je encore vous aider ?

– Non, surtout pas…

• Demain quelque part en France

Je n'ai pas entendu mon réveil. Je suis encore à la bourre. Je m'habille à toute vitesse, je passe cinq minutes à chercher mon portefeuille et ma monnaie. Un vieux réflexe. J'oublie toujours que je n'en ai plus besoin.

Je dévale l'escalier.

Il me faut quand même ma dose de caféine. Un petit express au bistrot du coin, avalé en vitesse.

« Je vous dois combien ?

– Un euro, comme d'hab. »

Je tends mon portable vers la borne de paiement et mon porte-monnaie virtuel est débité.

Je saute dans le bus, ressors mon portable pour payer. Quand même plus pratique que les pièces qu'on ne trouvait jamais au fond de ses poches.

J'en profite pour checker mon appli de suivi de budget, Bankin'. Un smiley apparaît. Pour une fois, je ne suis pas à découvert : + 835 €. Je clique sur détails : + 430 € chez Apple Money, + 105 € dans mon Google Wallet, + 300 € sur Facebank. J'ai d'ailleurs un message sur mon wall : « 10 € à gagner si je place mes 405 €. Pour une semaine sur un super-livret Renault. » J'appuie sur OK.

Mon portable se met à sonner. « Opération déconseillée : vos billets d'avion achetés sur Tripadvisor seront débités demain. » Zut, j'avais oublié. Heureusement que j'ai cette appli.

J'en profite pour checker mes placements. J'aurai 500 € dans une semaine. Je vais sur Cdiscount. Je clique sur Placements/bloqués un mois maximum. Ils me proposent 0,5 % garanti sur un mois à la BNP. J'achète, livraison dans une semaine.

Journée au bureau longue, très longue… J'ai bloqué toutes les propositions de placement qui encombraient ma messagerie. Ils me prennent pour un riche héritier alors que je suis dans le rouge un mois sur deux. Encore ce Big Data/Big Brother. La rançon à payer pour toutes ces applis et ces services gratuits.

Mon petit frère m'a appelé. Encore à l'étranger. Au fin fond de l'Inde. Et encore à sec. Je vais sur Paytop et lui transfère 200 €. Il les aura sur son compte Facebook dans quelques minutes.

Je checke sur Google les bons plans de restos pour ce soir. Anniversaire de mariage oblige... Un repas pour deux dans un bon italien pour 60 €. Si je paie avec mon Google Wallet, j'ai droit à une offre spéciale. Je fonce.

Mon portable bipe. Ma prime de fin d'année vient d'être transférée sur Apple Money. Bonne surprise. Je ne l'attendais pas si tôt. Mon appli budget non plus. Un peu de beurre dans les épinards... Je vais la placer, pour éviter de la dilapider, en passant par Prêt d'union, en crowdfunding. Ils m'ont trouvé un particulier qui cherche la même somme pour la même période. Avec une notation de 4,9/5. Et pour 4 %.

Je range mon portable. C'est quand même sympa de ne plus avoir de cartes, de petite monnaie, de chèques. Ni de banque.

Mais il vaut mieux que je ne perde pas mon portable...

Pour certains, cette évolution sera un «rêve», pour d'autres, peu intéressés par l'Internet, le mobile, et même les questions d'argent, ce sera un cauchemar. Mais, pour tous, ces changements auront un impact positif: que vous conserviez une relation traditionnelle à la banque ou que vous basculiez dans le monde *bankless*, les coûts vont s'effondrer. Et pour les technophobes, rassurez-vous, nous passerons d'abord par une phase, longue, pendant laquelle vous aurez une seule carte sur laquelle vous aurez accès à tous vos

comptes, qu'ils soient sur Facebook, BNP ou ING Direct, et qui vous permettra de faire toutes vos opérations courantes et de payer tous les montants supérieurs à 20 €. Les autres paiements seront faits avec votre mobile, sans contact.

1/

Plus besoin de banques pour payer ?

Aujourd'hui, en France, pour effectuer nos paiements, nous utilisons des espèces, des chèques (22 % des transactions de paiement hors espèces mais 81 % de tous les chèques émis en Europe), des prélèvements (19 % des transactions hors espèces contre 36,4 % en Allemagne), des virements (17 %) et des cartes de paiement (42 %). La tendance est à la baisse sur l'émission de chèques, même si elle reste une exception financière française (et américaine).

En termes de montants et non de transactions, l'importance des virements est écrasante (85 %), devant les chèques (9 %), les prélèvements (5 %) et les cartes (1 %).

Dans les commerces de proximité, et pour régler des petits montants, les Français utilisent encore beaucoup les espèces (83 %), devant les cartes (9 %) et les chèques (6 %).

Pour les montants dépassant 200 €, c'est le chèque qui domine largement.

95 % des Français ont des espèces sur eux, en moyenne 37 €, le montant progressant avec l'âge.

La révolution des moyens de paiement va toucher en priorité la jeunesse « numérique ». Pour les moins de 35 ans, l'utilisation des chèques est d'ores et déjà marginale, le prélèvement et l'utilisation des cartes assez naturels.

Le premier objectif des centaines de sociétés qui travaillent sur cette révolution est de remplacer les espèces. C'est un véritable enjeu car, en France, 85 % des paiements de moins de 5 € se font en espèces. La carte est rarement utilisée en dessous de 15 €.

Compte tenu du coût de traitement des espèces pour les banques, la Banque de France et les commerçants et du coût de transaction des cartes pour l'utilisateur et le commerçant, l'idée est de remplacer les espèces par un portefeuille électronique, idéalement sans contact.

• Les modes de paiement alternatifs

(Source : Score Advisor)

Le paiement sans contact

Le paiement sans contact doit permettre de payer rapidement (15 secondes, contre 34 pour des espèces et 24 pour une carte classique, selon Visa international) et de façon sécurisée les petits montants.

La technologie du paiement sans contact peut être intégrée à un téléphone portable, une carte bancaire à puce ou une carte dédiée. Nous en sommes encore aux balbutiements en France. La technologie la plus développée, la NFC (Near Field Communication), est très peu répandue. Les commerçants ne s'équiperont des terminaux nécessaires que quand les consommateurs seront eux-mêmes équipés. On peut parier que, si Apple se décidait à intégrer la technologie NFC sur ses iPhone, le paiement sans contact se répandrait rapidement. On voit aussi émerger des solutions sur Bluetooth, que les smartphones sous Android, les plus communs, pourrait adopter.

C'est une question de temps, mais le développement du paiement sans contact, même par carte de crédit, est inéluctable.

Les cartes prépayées

Remplacer les espèces n'est pas une idée neuve. Dans les années 90, de nombreuses initiatives ont vu le jour sous forme de cartes prépayées. En France, Moneo a été lancée en grande pompe en 1999, avec dix banques françaises, la SNCF, la RATP et France Telecom dans son capital. Même si on a connu, au plus haut, deux millions d'utilisateurs actifs, le porte-monnaie électronique n'a pas rencontré le succès espéré.

Le paiement en ligne

C'est ce domaine qui a vécu le bouleversement le plus spectaculaire ces dernières années. Avec le développement du commerce et des services en ligne, sont apparus des acteurs proposant une solution alternative au paiement par saisie des coordonnées de cartes bancaires : les portefeuilles en ligne. C'est par cette brèche que les principaux acteurs du numérique vont s'engouffrer pour déstabiliser le monde bancaire.

Les chiffres publiés dans le World Payment Analysis Report de 2013 sont impressionnants :

– 333 milliards de paiements dans le monde autrement qu'en espèces en 2012 ;

– 28,9 milliards de paiements par mobile prévus pour 2014 contre moins de 5 milliards en 2010.

Les acteurs classiques, comme les banques et Visa (74 milliards de dollars de transactions dans le monde en 2013) ou MasterCard (numéro 2 des cartes avec 45,5 milliards de dollars) voient déferler de nouveaux acteurs comme **Paypal** et sa plate-forme de paiement en ligne (193 pays, 26 devises), **Apple** et ses 600 millions de numéros de cartes dans ses serveurs, **Amazon** et ses 230 millions de comptes actifs, ou encore **Google** et son porte-monnaie électronique Google Wallet pour le milliard de téléphones qui fonctionnent avec le système d'exploitation Android.

2/

Plus besoin de banques pour un compte ?

Ce n'est pas uniquement la banque qui risque de disparaître, c'est la notion même de compte. Vous n'aurez plus UN compte, mais des comptes un peu partout. Parfois avec un compte principal, parfois sans.

Un compte Facebook, par exemple : c'est possible depuis avril 2014. Avec l'approbation de la Banque centrale d'Irlande, les membres du réseau pourront stocker de l'argent sur un compte Facebook, l'échanger ou l'utiliser pour des paiements.

Aux États-Unis, Facebook traite désormais les paiements d'achat intégrés à certaines applications. Un montant déjà élevé en 2013 : plus de 2 milliards de dollars. Pour une partie importante de la population française, la marque Facebook est plus proche que la marque Société Générale ou LCL. Imaginez qu'une partie seulement du 1,3 milliard d'utilisateurs de Facebook, dont plus d'un milliard utilise ses services à partir d'un téléphone portable, décide de faire du réseau social sa base de paiement !

Votre compte, vos comptes seront partout et nulle part. Vous allez vous habituer à vivre dans un *cloud* financier. Déjà aujourd'hui, de nombreux achats sont réglés sur iTunes, ou à travers votre facture SFR…

3/

Plus besoin de banques pour transférer de l'argent à l'étranger ?

15 milliards d'euros.

C'est le montant annuel transféré à l'étranger par les particuliers en France.

Ces transferts sont majoritairement effectués par des émigrés vers leurs familles et, ponctuellement, par des ménages français pour des transactions spécifiques (dépannage d'un proche à l'étranger, perte de moyens de paiement, enfant qui a dépassé son budget vacances).

Les banques continuent de charger des commissions élevées pour ces opérations. Et les délais de transfert peuvent être longs : de deux à dix jours parfois en fonction de la destination. Elles ont déjà vu une partie de ce business ultra-lucratif leur échapper pour des acteurs spécialisés du secteur comme Western Union ou MoneyGram, proposant des délais de paiement de quelques heures, parfois même quelques minutes, et des coûts plus compétitifs.

Compétitifs par rapport aux banques, mais encore trop élevés. Western Union couvre deux cents pays environ. Les tarifs varient en fonction du pays et de la somme transférée. À titre d'exemple, transférer 100 € vers le Sénégal ou le Cameroun coûte 4,90 €; 17,90 € pour 500 €. Son concurrent MoneyGram chargera respectivement 8 € et 25 €.

Certaines banques, qui aiment toujours la simplicité, affichent des commissions à « formule ». La palme au LCL : 0,1196 % jusqu'à 80 000 euros avec un minimum de 17,15 € et 0,0598 % au-dessus pour des pays hors SEPA. La Société Générale prend 0,09 % du montant, avec un minimum à 13,75 € et un maximum à 70 €.

Depuis quelques mois, certains acteurs sont venus défier les banques et les leaders spécialisés. On ouvre tout simplement un compte sur un site, on l'approvisionne, on indique le montant et le destinataire du transfert et le tour est joué, avec des coûts inférieurs de moitié environ. L'ex-ministre de l'Immigration, Éric Besson, a ainsi pris la présidence de Paytop, un des sites de transferts en ligne, et affiche l'ambition d'en faire le leader français.

Conclusion

La concurrence est rude. Profitez-en.

4/

Plus besoin de banques pour prêter ou emprunter ?

Vous avez sûrement entendu parler du crowdfunding, ou « financement participatif » en français. Cela permet à des particuliers de financer directement des projets via Internet ou des réseaux sociaux (comme My Major Company dans la musique).

Là encore, la volonté de contourner les banques est manifeste. Au sein de ces établissements, un secteur est en pleine explosion : le prêt de particulier à particulier. Cette vague est venue des États-Unis. Notamment avec LendingClub, considérée par le magazine *Forbes* comme l'une des cinq entreprises les plus prometteuses d'Amérique.

Créée en 2006 par Renaud Laplanche (un Français), LendingClub est devenue une plate-forme de prêt entre particuliers et se présente comme une « alternative aux banques traditionnelles, avec un meilleur service, plus de transparence et plus d'efficacité ». On ne peut pas être plus clair ni plus direct. LendingClub est déjà valorisée à plus de 4 milliards de dollars et envisage une introduction en Bourse. Plus de 120 000 prêts ont déjà été réalisés, pour un montant proche de 2 milliards de dollars !

En France, c'est la société Prêt d'Union, entre autres, qui a pris le flambeau.

Comment ça marche ?

Le fonctionnement est très simple : d'un côté, des investisseurs-prêteurs, de l'autre, des emprunteurs. Les investisseurs ouvrent un compte sur la plate-forme Prêt d'Union, qu'ils alimentent en effectuant des virements depuis leur compte bancaire.

Les investisseurs peuvent choisir d'investir sur quatre fonds :

– le fonds 1 Conservateur court, qui finance des crédits sur deux ou trois ans octroyés à des emprunteurs A (« très solvables ») [rendement estimé après impact des défauts des emprunteurs : 4 % par an] ;

– le fonds 2 Conservateur long, qui finance des crédits sur quatre ou cinq ans octroyés à des emprunteurs A (« très solvables ») [rendement estimé après impact des défauts des emprunteurs : 4,6 % par an] ;

– le fonds 3 Conservateur court, qui finance des crédits sur deux ou trois ans octroyés à des emprunteurs B (« solvables ») [rendement estimé après impact des défauts des emprunteurs : 5,4 % par an] ;

– le fonds 4 Conservateur long, qui finance des crédits sur quatre ou cinq ans octroyés à des emprunteurs B (« solvables ») [rendement estimé après impact des défauts des emprunteurs : 5,8 % par an].

Les investisseurs-prêteurs passent des ordres en saisissant le montant qu'ils souhaitent investir sur le fonds de leur choix.

Les emprunteurs peuvent faire leur simulation de crédit sur une des quatre durées proposées (2 ans, 3 ans, 4 ans ou 5 ans) et pour un montant compris entre 3 000 € et 30 000 €. Pour faire une demande de crédit, les emprunteurs doivent remplir en ligne un formulaire d'informations personnelles (état civil, âge, situation familiale, situation au logement, ancienneté au logement, profession, ancienneté bancaire, revenu total du ménage, présence d'un co-emprunteur). À la fin du formulaire, un algorithme automatique de scoring préaccepte l'emprunteur (en le catégorisant soit A soit B) ou bien le refuse. Si l'emprunteur est préaccepté, il doit renvoyer à Prêt d'Union une série de justificatifs (justificatif de domicile, RIB, photocopie de pièces d'identité, dernier bulletin de salaire, dernier relevé de compte bancaire, dernier avis d'imposition). Le département Acceptation de Prêt d'Union (composé d'experts qui effectuent les contrôles de solvabilité et antifraude des pièces et interrogent les *black lists* de la Banque de France) ne présente au financement des investisseurs-prêteurs que les emprunteurs dont le niveau de solvabilité est élevé et refuse tous les autres.

Une fois par semaine, Prêt d'Union fait le compte des ordres d'investissement des investisseurs-prêteurs et des demandes de crédit des emprunteurs, et Prêt d'Union octroie des crédits aux emprunteurs à hauteur des fonds mis à disposition par les investisseurs.

Tous les mois, les emprunteurs remboursent capital et intérêts à Prêt d'Union, qui les reverse dans les quatre fonds, ce qui fait varier à la hausse la valeur des parts de chaque fonds.

Prêt d'Union se rémunère en prélevant aux emprunteurs des frais de dossier lors de l'octroi des crédits. Ces frais de dossier servent à couvrir les coûts supportés par Prêt d'Union : frais de personnel, coûts informatiques, coût de traitement des dossiers, etc.

Aux investisseurs, Prêt d'Union ne facture rien et reverse l'intégralité des remboursements effectués par les emprunteurs.

Conclusion

C'est une révolution, n'ayons pas peur des mots.

Mais soyons réalistes : le prêt entre particuliers ne va pas remplacer le crédit bancaire. C'est une secousse de plus pour la banque traditionnelle, un segment de plus de la chaîne de valeur bancaire qui se déverrouille, un moyen de pression supplémentaire pour vous vis-à-vis des banques.

5/

Plus besoin de banques pour vous conseiller ?

C'est sur le terrain du conseil que les banques ont véritablement perdu la bataille, et peut-être la guerre. Vous auriez pu accepter de payer des frais si la banque avait continué de jouer son rôle de conseil sans le réserver uniquement à ses clients fortunés. Mais ce n'est pas le cas.

Là encore, un tremblement de terre vient des États-Unis et il est sur le point de se propager en France. L'onde de choc se fait déjà sentir. Son nom ? Le *Personal Finance Management*. La gestion de vos finances personnelles.

De quoi s'agit-il ?

C'est simple.

À l'avenir vous aurez de l'argent, des placements, des crédits dans plusieurs établissements, bancaires ou non.

Des applications vous permettront :
– de consolider toutes ces données ;
– de les agréger pour vous donner une image instantanée de votre situation financière ;
– de les analyser pour vous aider à gérer votre budget et vos postes de dépense ;
– de vous orienter vers les produits financiers qui correspondent le mieux à votre profil de risque et à vos besoins aux coûts les plus compétitifs.

De la fiction ?

Non.

Déjà une réalité aux États-Unis, et partiellement en France.

Des start-up ont déjà bouleversé le paysage, comme l'ont décrit Jonathan Herscovici et Pierre-Henri Trancart, fondateurs d'Anatec, une start-up innovante proposant un service en ligne d'aide à la gestion de portefeuille :

Personal Capital

« Enfin toute votre vie financière en un seul endroit. »

Site : Personalcapital.com

Date de création : 2009

Comptes courants, compte chèques, comptes titres, compte épargne retraite, crédits divers, le tout dans plusieurs banques : Personal Capital (PC), créée par un des fondateurs de Paypal, propose un logiciel en ligne permettant de tout rassembler au même endroit, et en profite pour offrir des services annexes de gestion de fortune.

Wealthfront.com

Date de création : 2008

Conseiller financier en ligne, c'est une de mes start-up préférées dans ce panel. Première à innover sur le secteur des solutions d'investissement en ligne, elle a commencé en ciblant les entrepreneurs à succès de la Silicon Valley mais a élargi sa cible à tous les investisseurs particuliers.

Simple

« Remplacez votre banque. »

Date de création : 2009

Simple propose une interface ergonomique et intuitive pour gérer ses finances. L'application fournit tous les services d'une banque, sans toutefois en être une. Elle propose une solution originale de gestion de finances personnelles couplée à un moyen de paiement : Visa Simple. On franchit ici un nouveau pas dans la dématérialisation de services. Le succès de Simple a déjà attiré une banque, l'espagnole BBVA, qui l'a racheté. On peut également citer Moven, la start-up de Brett King, le gourou de la banque 2.0, qui est avec Simple la plus citée des start-up bancaires de rupture.

Betterment

« Investissez pour atteindre vos objectifs. »

Date de création : 2008

Betterment tire son nom de la contraction de Better Investment. Le service propose une plate-forme de gestion automatisée de portefeuille, s'occupe d'allouer le capital et de rééquilibrer régulièrement le portefeuille du client, selon sa situation personnelle, sa tolérance au risque et ses objectifs financiers. Elle a été élue meilleure start-up de la ville de New York en 2010.

Jemstep

« La nouvelle façon d'assurer sa retraite en toute simplicité. »

Site : Jemstep.com

Date de création : 2008

Jemstep propose du conseil en investissement financier transparent, complet, et de qualité. Sur la base des informations personnelles, Jemstep établit un portefeuille idéal et un plan d'action pour le construire. Par la suite, Jemstep émet des recommandations régulières pour que le portefeuille du client reste en ligne avec ses objectifs.

Ça bouge aux États-Unis dans le conseil financier !

Vite. Très vite.

Et en France ?

Une première étape a été franchie : la consolidation des données bancaires.

Des applications vous permettent aujourd'hui de suivre en permanence, instantanément, votre situation financière : Budgea, Linxo, Bankin'.

Prenons l'exemple de Bankin'. Comme l'explique un des associés fondateurs, Joan Burkovic, Bankin' est connecté avec plus de 180 banques, dont le top 10 des grandes banques françaises, pour importer dans l'application les données de comptes bancaires des utilisateurs qui le demandent.

L'utilisateur n'a qu'à sélectionner sa banque dans l'application, et rentrer son identifiant et son mot de passe. Lorsque les données sont importées, l'application classe automatiquement les dépenses et les revenus par catégories, telles que : frais bancaires, impôts, gaz, électricité, shopping, etc.

L'appli affiche le solde de chaque compte et calcule, entre autres, le solde total de tous les comptes. Elle retrace l'évolution des revenus, des dépenses et de l'épargne sous forme de graphiques intuitifs. Elle permet également de mettre en place des alertes, par exemple quand le solde passe en dessous d'un certain seuil.

Ces sociétés innovantes améliorent régulièrement leurs applications pour s'aligner sur les modèles américains. Dans quelques mois, le conseil financier sera intégré, par des sociétés comme Anatec, avec Bancare ou d'autres.

Conclusion

C'est urgent : **convertissez-vous dès maintenant à ces applications**. Elles sont indispensables au suivi de votre budget et de votre situation financière et elles seront demain vos conseillers financiers mobiles, un rôle que les grandes banques traditionnelles ne remplissent plus.

CONCLUSION • Se passer des banques, demain, c'est le sens de l'histoire financière. Devenir *bankless*.

Dès aujourd'hui, vous pouvez vous en passer, mais pas totalement. Il faut donc procéder par étapes. Pas de panique.

En ces temps de difficultés de pouvoir d'achat, il y a toutefois urgence.

HUITIÈME PARTIE

Votre plan d'attaque

Vous aurez lu ce livre. Jusqu'au bout peut-être, avec un peu d'effort.

Puis vous allez le refermer. Et ne rien faire.

Et demain vous continuerez de payer :

– 200 à 1 000 € de trop de frais bancaires ;

– 200 à 5 000 € de trop, au minimum, à cause de vos découverts ;

– 200 à 10 000 € de trop de frais sur vos placements ;

– 500 à 20 000 € de trop sur les taux excessifs de vos crédits.

Et tout cela n'aura servi à rien.

Ce n'est pas possible.

Je ne peux pas vous laisser faire ça.

Alors, je vais vous tenir la main.

Ensemble, nous allons franchir les quelques étapes nécessaires. Elles sont simples. Rapides.

Voici votre plan d'attaque.

1/
Le plan

ÉTAPE N° 1 :

Munissez-vous de votre résumé annuel de frais bancaires. Si vous l'avez égaré, demandez-le à votre banque. Par mail, ce sera plus simple.

Durée : 5 minutes maximum

ÉTAPE N° 2 :

Allez sur un comparateur de banques : Panorabanques.com, Changermabanque.com ou UFC Que Choisir. Vous connaîtrez déjà le montant que vous pourrez économiser sur vos frais bancaires de base.

Durée : 5 minutes maximum

ÉTAPE N° 3 :

Évaluez vos besoins (cartes bancaires, services, virements, transferts).

Et éliminez les cartes inutiles, les services inutiles, les forfaits inutiles…

Durée : 10 minutes maximum

ÉTAPE N° 4 :

Étudiez vos découverts sur les mois passés.

Éliminez-les si c'est possible ou prévoyez de les convertir en crédits moyen terme.

Durée : 10 minutes maximum

ÉTAPE N° 5 :

Téléchargez une application de gestion de budget personnel : Bankin', Linxo, Budgea ou autre.

Durée : 3 minutes maximum

ÉTAPE N° 6 :

Regardez les frais sur tous vos placements, comme l'assurance-vie que vous avez dans votre banque traditionnelle.

Appelez votre banquier pour lui demander de les baisser.

Pour TOUT NOUVEL INVESTISSEMENT, privilégiez exclusivement des produits à zéro frais d'entrée et frais de gestion réduits, vous en trouverez partout sur Internet.

Durée : 30 minutes, ou 1 heure pour ceux qui ont plus de produits.

ÉTAPE N° 7 :

Étudiez vos crédits en cours.

Allez sur des comparateurs de crédits.

Si vous payez trop cher, appelez votre banquier pour renégocier.

S'il refuse, changez de banque.

Pour tout nouveau crédit, comparez et allez au plus offrant.

Durée : 1 heure

ÉTAPE N° 8 :

Si vous n'avez pas la force de changer de banque tout de suite, ouvrez un nouveau compte dans la banque en ligne de votre choix.

Vous passerez progressivement de votre grande banque classique traditionnelle à la banque en ligne, ou vous conserverez les deux comptes en réduisant les activités coûteuses dans votre banque traditionnelle.

Durée : 1 heure

ÉTAPE N° 9

Si vous payez beaucoup trop cher, ce qui est le cas, et si vous en avez la volonté et le courage, changez de banque sans attendre.

La procédure est simple.

Et je vais vous l'expliquer en détail.

ET C'EST TOUT.

Est-ce si compliqué que ça ?

Économiser de 200 à 20 000 euros, voire beaucoup plus, ne mérite-t-il pas un peu de votre temps ?

Combien de temps allez-vous encore accepter de vous faire pigeonner ?

Vous avez les cartes en main.

À vous de jouer.

2/
Changer de banque

Nous y voilà.

Il va falloir apprendre à changer de banque. Cela vous fait peur. Et je vous comprends.

Malgré les engagements pris par la profession bancaire en 2009, les banques pratiquent la résistance passive. Elles ne vous facilitent pas la vie.

C'est anormal, mais c'est de bonne guerre : les banques n'ont pas envie de laisser partir des clients qui leur rapportent de l'argent sans rien faire.

Il a fallu un article dans la loi Hamon du 17 mars 2014 sur la consommation pour que la pression sur les banques monte d'un cran.

Aujourd'hui les obligations des banques sont claires (*Les Échos Patrimoine*).

– La nouvelle banque, la banque d'arrivée, doit vous fournir le petit guide établi par la Fédération bancaire française sur les démarches à accomplir et vous proposer gratuitement un service d'aide à la mobilité ;

– la banque de départ doit vous fournir, sans frais, dans les cinq jours suivant la demande de clôture du compte, un récapitulatif des opérations automatiques sur les treize derniers mois ;

– la banque de départ doit vous permettre de clôturer votre compte de dépôt ou votre compte sur livret gratuitement.

Restent deux problèmes majeurs :

1. Les chèques encore en circulation au moment de la clôture du compte. En théorie, les banques ont l'obligation de vous informer, « par tout moyen approprié », en cas de présentation d'un chèque dans les treize mois qui suivent la clôture du compte. En pratique, les moyens ne sont pas « appropriés », les chèques peuvent être rejetés avec des conséquences pouvant aller jusqu'à l'interdiction bancaire.

SOLUTION • Il n'y a pas de solution miracle. Je vous conseille d'effectuer votre changement de banque en deux étapes. Vous conservez un compte dans votre banque de départ que vous laisserez tranquillement s'éteindre en douze mois, date à laquelle vous le clôturerez tout en ouvrant un compte dans la nouvelle banque de votre choix. Cela permettra d'éviter tous les incidents et de conserver un moyen de pression sur votre banque d'arrivée si elle s'avère moins compétitive que prévu.

2. Le transfert des produits d'épargne, comme les PEA, de votre banque de départ vers votre banque d'arrivée a un coût. Il faut bien évidemment le négocier mais ce n'est pas évident.

SOLUTION • Le plus simple est, et certaines banques le proposent déjà, de demander à votre banque d'arrivée de prendre en charge ces frais, partiellement ou intégralement.

• Changer de banque pour votre compte

Voici les étapes à suivre. Vous pourrez trouver des courriers types sur le site lesclesdelabanque.com, en partenariat avec la Fédération bancaire française, dans un excellent miniguide de la mobilité. UFC Que Choisir met également à disposition sur son site Internet les outils (lettres types, fiches pratiques) pour limiter les pièges du changement de banque.

ÉTAPE N° 1 : Vous ouvrez un compte.

Avec une pièce d'identité, un justificatif de domicile, un spécimen de signature, vous recevrez, après accord de la banque, une convention de compte, la liste des prix des services bancaires et des relevés d'identité bancaire (RIB).

ÉTAPE N° 2 : Vous communiquez votre nouveau RIB.

À tous les organismes ou sociétés (électricité, téléphone, impôts, employeur, etc.) qui effectuent des prélèvements ou des virements sur votre compte. Vous pouvez également demander à la nouvelle banque de le faire pour vous.

ÉTAPE N° 3 : Vous n'utilisez plus votre ancien compte.

Vous annulez vos virements permanents, vous rendez vos anciens moyens de paiement, cartes et chèques, et vous listez les opérations de paiement encore en cours en sachant qu'un chèque peut être valable 1 an et 8 jours à compter de son émission et que vous devez pouvoir assurer les paiements sur votre ancien compte faits à partir de votre ancienne carte.

ÉTAPE N° 4 : Vous clôturez votre ancien compte.

Dès que toutes les opérations par carte et chèques en circulation ont été réglées et tous les mouvements automatiques dirigés vers le nouveau compte.

• Changer de banque pour vos placements

ÉTAPE N° 1 : Livret A, Livret jeune, Livret de développement durable, Livret d'épargne populaire

Vous devez clôturer les anciens livrets, puis virer le solde et les intérêts, et enfin ouvrir un nouveau livret dans la nouvelle banque. Les livrets réglementés ne sont pas fiscalisés : en contrepartie, vous ne pouvez pas en détenir plusieurs du même type.

ÉTAPE N° 2 : Plan épargne logement, Compte épargne logement

Si vous les clôturez, vous perdez les avantages.

Pour les transférer, il faut l'accord des deux banques. Mais elles n'ont aucune obligation.

Si l'une d'elles, ou les deux, refuse, conservez le PEL ou le CEL dans votre ancienne banque. Vérifiez également que le transfert ne soit pas facturé à un coût prohibitif.

ÉTAPE N° 3 : Plan épargne populaire

Vous ne pouvez plus en ouvrir de nouveau car il n'est plus commercialisé.

Le transfert est très complexe et il faut vérifier que la nouvelle banque vous accorde les mêmes conditions que la banque de départ.

ÉTAPE N° 4 : Actions et Plan d'épargne en actions

Tout est transférable.

Pour le PEA, c'est un peu plus complexe et plus long.

Attention aux frais de transfert : essayez de demander à votre nouvelle banque ou votre nouveau courtier en ligne de prendre en charge tout ou partie des frais.

• Changer de banque pour vos crédits

Cette décision ne doit être motivée que par une renégociation, dans votre nouvelle banque ou ailleurs, d'un taux nettement plus favorable. Ce qui est le cas en cette période, notamment dans l'immobilier, où les taux d'emprunt sont historiquement bas.

Sauf à de rares exceptions, il faut bénéficier d'un remboursement anticipé sans pénalités.

Soyez très vigilants aux frais éventuels de dossiers et autres frais cachés.

N'agissez pas dans l'urgence pour les crédits.

• La portabilité des comptes bancaires

À terme, vous bénéficierez, comme pour la téléphonie mobile, de la portabilité : vous disposerez d'un numéro de compte qui vous suivra, ce qui facilitera évidemment votre changement de banque.

Même si le gouvernement a lancé une mission sur la « portabilité bancaire », n'attendez rien avant quelques années.

Les banques traditionnelles font de la résistance car elles savent que cette portabilité accélérera l'exode de leurs clients. Elles prétextent des obstacles et un coût de plusieurs dizaines de millions d'euros qu'elles menacent de répercuter sur les clients.

L'Association française des usagers de banque (AFUB) n'est pas convaincue non plus : elle craint que la portabilité nuise à la multibancarisation. Or, la possibilité de posséder plusieurs comptes en banque permet la mise en concurrence des banques.

Conclusion

Vous devez devenir mobile bancairement. Ne plus avoir peur de bouger, de changer, de zapper, de surfer. Comme vous le faites pour tous vos achats ou pour tous vos abonnements. Changer de banque, rejoindre une nouvelle banque, conserver deux banques pendant une période de transition ou faire le saut sans étape intermédiaire.

Soyez mobile.

Et pour ne pas perdre de temps, voici une petite lettre que je vous conseille d'envoyer à votre banque dès aujourd'hui.

Indiquez ici vos coordonnées

BANQUE ____________
Coordonnées de l'Agence

La proposition ci-dessous concerne exclusivement les clients personnes physiques d'établissements de crédit, n'agissant pas pour des besoins professionnels.

Lettre recommandée avec AR Le XX/XX/XXXX

Madame, Monsieur,

Je suis client(e) de votre établissement depuis plusieurs années.

Je constate que de nombreux frais sont prélevés sur mon compte, frais bien souvent supérieurs à ceux pratiqués par vos concurrents (hors banques en ligne).

Or, sauf erreur de ma part, vos conditions tarifaires, au demeurant complexes et peu lisibles pour un non-professionnel, ainsi que leurs modifications successives, n'ont pas été mises en place en conformité avec la législation applicable et notamment les dispositions de l'article L. 312-1-1 du code monétaire et financier.

En outre, et malgré l'importance des frais pratiqués par votre établissement, je déplore une dégradation de la qualité de vos « services » qui va d'ailleurs de pair avec l'augmentation de vos tarifs, notamment en raison du changement fréquent de vos « conseillers » et de la délocalisation d'une partie importante de vos services téléphoniques.

Je considère donc que votre établissement n'exécute pas correctement ses obligations à mon égard, au sens de l'article 1147 du code civil.

Vous comprendrez que, dans ces circonstances, j'étudie la possibilité de transférer mon (mes) compte(s) dans un autre établissement bancaire.

Je suis néanmoins prêt à étudier avec vous tout geste commercial de votre part afin de poursuivre notre relation, lequel ne saurait être inférieur au remboursement de la moitié des frais prélevés sur mon compte en 2013.

Vous avez affirmé dans la présentation de votre plan stratégique que le client était au centre de vos préoccupations : c'est l'occasion de le prouver.

Dans l'attente de votre réponse, je vous prie de croire, Madame, Monsieur, à l'expression de mes salutations distinguées.

Signature

3/

La solidité des banques

Vous aurez, comme on l'a vu, encore besoin des banques pendant quelques années, en ligne ou traditionnelles.

La question qui se pose régulièrement depuis la crise est celle de la solidité des banques : ma banque, ou la banque vers laquelle je vais aller, est-elle solide ?

Depuis quelques mois, les épargnants avec lesquels je suis régulièrement en contact se posent moins la question. En 2009 et 2010, on me la posait plusieurs fois par jour.

Souvenez-vous.

Toutes les banques étaient vulnérables. Dans la panique, certains ouvraient plusieurs comptes pour bénéficier de la garantie de 70 000 € par personne et par banque.

Aujourd'hui, les banques semblent plus solides.

Elles bénéficient d'une double protection implicite :

– Celle de l'État : il a montré qu'il ne laisserait aucune grosse banque faire faillite. *Too big to fail*...

– Celle de la Banque centrale européenne. C'est la plus efficace et la plus sérieuse. Petit à petit, elle prend le contrôle direct des banques, les surveille mais les alimente aussi. Elle leur accorde depuis des années des prêts massifs à taux zéro. Cet argent, les banques vous le prête avec un joli profit, ou l'investit sur les marchés financiers à des taux plus élevés.

Alors ? La crise financière est-elle terminée ? Nul ne peut le dire. Mais elle semble s'être calmée de façon durable.

Les banques peuvent-elles être à nouveau en danger ? C'est possible, mais dans une situation extrême seulement, dans un cataclysme mondial d'une ampleur encore plus grande que celui de 2008. Tout est possible, certes, mais, pour l'instant, la probabilité est faible.

CONCLUSION

Ce n'est pas une évolution, c'est une révolution.

Alors qu'elles sont grâce à vous sorties de la crise indemnes ou presque, les banques sont confrontées aujourd'hui à une crise existentielle.

Elles doivent s'adapter ou disparaître.

Tout cela va renforcer votre pouvoir d'achat et votre pouvoir de négociation.

Les banques en sont évidemment conscientes. Elles essaient de reculer le moment fatidique. Elles essaient de temporiser car chaque journée gagnée représente des millions d'euros de bénéfice.

Elles cherchent à s'adapter.

Comme le décrit Score Advisor dans son cahier de tendances 2014, elles tentent plusieurs approches :

– La banque vitrine ou catalogue : les banques veulent profiter de leurs bases de clients pour leur vendre d'autres produits non financiers : forfaits téléphoniques, services à la personne, bons plans, shopping, transactions immobilières, assurances en tous genres, voyages… Face aux géants de la distribution et du Net, elles ne font pas le poids. À l'exception de quelques succès ponctuels, comme le Crédit Mutuel qui a conquis 30 % du marché de la télésurveillance résidentielle, c'est globalement un échec.

– La banque média : les banques fournissent des informations à leurs clients : des applications de gestion de budget, des simulateurs de crédit ou d'épargne, des informations boursières... C'est nécessaire mais pas suffisant.

– La personnalisation : c'est le grand challenge du moment. Tous les sondages montrent qu'une majorité de clients est prête à changer de banques du fait de l'insuffisance d'offres spécialisées. C'est, comme on l'a vu, la fin inéluctable des packages et forfaits rigides et la tentative de créer des gammes de produits personnalisés. Là encore, nécessaire mais pas suffisant.

– La distinction et la fidélisation : cela concerne principalement les clients VIP des banques. Donner le sentiment d'être privilégié avec des services de conciergerie ou des offres ciblées. Les programmes de fidélité rencontrent un succès mitigé. Leur prix est souvent trop élevé.

– L'ancrage local : c'est peut-être le dernier espoir des banques, en particulier des banques mutualistes.

Comme on le voit, la messe est dite. La révolution bancaire est en marche.

Vous avez le pouvoir à portée de main. À vous de le saisir.

C'est l'objectif de ce livre.

REMERCIEMENTS

Je tiens à remercier les publications suivantes pour leurs articles et études sur le sujet : *Challenges*, *Les Échos*, *Le Figaro*, *Capital*, UFC Que Choisir, le *Wall Street Journal*, le *Financial Times*, *Le Revenu*, Investir, *Le Nouvel Observateur*, *Libération*, *L'Express*, *le Point*, *Le Parisien*, l'*International New York Times* et les autres que j'ai oubliés (je les prie de m'en excuser) ;

ainsi que Guillaume Almeras, le brillant spécialiste du monde bancaire et animateur du site Score Advisor, Sylvie Hattemer, journaliste de talent, Jessica Nizard-Admouchnino pour ses recherches, et toute l'équipe de MonFinancier.

Cet ouvrage a été composé
par Nord Compo à Villeneuve-d'Ascq
et achevé d'imprimer en octobre 2014
par Grafica Veneta
près de Venise
pour le compte des Éditions Stock
31, rue de Fleurus, 75006 Paris

PAPIER À BASE DE
FIBRES CERTIFIÉES

Stock s'engage pour l'environnement en réduisant l'empreinte carbone de ses livres. Celle de cet exemplaire est de :
750 g éq. CO_2
Rendez-vous sur
www.editions-stock-durable.fr

Imprimé en Italie

Dépôt légal : octobre 2014
N° d'édition : 02
86-07-0000/4